# 国有企业管理创新与风险控制

裘华静　洪有华　熊文　著

中国商业出版社

**图书在版编目（CIP）数据**

国有企业管理创新与风险控制 / 裘华静，洪有华，熊文著. -- 北京 ：中国商业出版社，2023. 5
ISBN 978-7-5208-2477-4

Ⅰ. ①国… Ⅱ. ①裘… ②洪… ③熊… Ⅲ. ①国有企业－企业管理－风险管理－研究－中国 Ⅳ. ①F279. 241

中国国家版本馆CIP数据核字(2023)第080766号

责任编辑：袁　娜

中国商业出版社出版发行
（www.zgsycb.com　100053　北京广安门内报国寺1号）
总编室：010-63180647　编辑室：010-83128926
发行部：010-83120835/8286
新华书店经销
天津和萱印刷有限公司印刷
*
787毫米×1092 毫米　16开　6.75印张　140千字
2023年5月第1版　2023年5月第1次印刷
定价：68.00元
* * * *
（如有印装质量问题可更换）

# 前　言

我国是以公有制为主体，多种所有制经济共同发展的基本经济制度。国有企业在我国经济中占有非常重要的地位，其规模和体量非常大，地位极其重要，是我国国民经济的基础和支柱。在当今市场经济快速发展的背景下，国有企业面临着激烈的市场竞争。国有企业要想实现更好的发展，就要增强自身在社会主义市场经济中的竞争力，尤其需要做好管理工作，并对管理进行创新与完善。通过更好地落实管理工作，能够对企业内部各项工作的展开提供有效引导，避免出现工作混乱等情况，从而使国有企业地位的稳定性得到保障，为企业创造更多利润。

在当今经济全球化背景下，国有企业身为顺应时代发展的受益方，应将创新管理模式、制定完善管理制度等作为企业工作的重点。管理创新对于促进国有企业更好发展、增强企业竞争力具有重要意义。因此，国有企业应结合实际情况，对管理模式进行优化与完善，采用适合国有企业发展的管理模式，为国有企业未来更好的发展打下良好基础。

本书针对国有企业管理创新特征、国有企业文化建设管理、国有企业资本管理进行了分析研究；对国有企业技术创新、国有企业全球化发展创新做了一定的介绍；对单个国有企业风险控制、国有企业群体风险控制做了研究。本书为继续深入研究我国国有企业管理创新与风险控制提供了近乎全景式的研究资料和理论支持，并为加强和改善国有企业管理提供理论依据，同时也为研究和探讨具有中国特色的企业管理学提供研究铺垫。希望本书的出版，为提高国有企业管理创新能力和管理水平起到一定的促进作用。

# 目　录

# 第一章　国有企业管理创新特征

## 第一节　转型早期国有企业体制内市场化取向管理创新特征

### 一、转型早期国有企业体制内市场化取向管理创新动因特征

国有企业管理创新的动因主要来自政府推动、国有企业自身利益驱动以及国有企业生产经营压力三方面。从动态变化的维度来看，这些动因的变化与管理创新变化之间存在着高度的内在联系。

#### （一）政府的主导和推动是国有企业管理创新的主因

在计划经济体制下，国有企业是政府的行政附属物，政府是国有企业的所有者和管理者，政府与国有企业之间的产权关系和行政隶属关系，从体制上决定了政府是赋予国有企业管理任务，推动国有企业开展管理创新的绝对主导力量。因此可以认为，政府的推动是国有企业开展管理创新、明确管理创新任务和规定，或指导管理创新领域的决定因素。政府对国有企业管理创新的推动和对创新活动的指示作用，是通过国有企业改革政策和推行企业管理现代化纲要两个途径进行直接领导、组织和实施的。国家对国有企业管理工作的领导，是政府推动和指导国有企业开展管理创新的又一重要途径。政府领导对管理创新的推动与指导作用主要表现为：政府是国有企业管理创新活动的发起者、领导者和指导者，政府为管理创新工作的启动和持续开展提供了强有力的组织与领导保障。

#### （二）国有企业管理创新的动因与目的、内容之间存在着高度的相关性

国有企业管理创新的动因、目的和内容不仅具有与时俱进的特征，而且这三者之间也具有高度的动态相关性。这种高度的动态相关性概括起来具有以下特征：其一，管理创新动因、目的和内容之间存在着显著的因果关系，三者之间形成了一种正反馈闭环回路。其二，随着转型的渐次深入，三者之间在要素结构上的对应关系逐步呈现出多元化、非线性的发展属性。

在 20 世纪 80 年代初，国有企业管理创新的动因、目的与内容在组成要素上具有较为显著的一元化特征，三者之间在要素结构上也存在着单一的线性对应关系。到 80 年代中

后期，国有企业在管理创新的动因、目的和内容的要素组成结构上发生了新的变化，这种新的变化主要表现为：这三个变量的组成要素由一元化向多元化转变；变量的组成要素之间的关系，由单一的线性对应关系转变为多元非线性对应关系。在这一时期，国有企业管理创新的动因要素主要包括：承包经营责任制的推行，来自生产经营领域的竞争压力以及企业落后的管理与生产技术水平和商品经济快速发展的矛盾等。这样的条件和背景决定了国有企业管理创新的目的主要集中在增强国有企业活力、增加产品供给、消化增支减利因素、提高产品质量和提高经济效益等方面。

## 二、转型早期国有企业体制内市场化取向管理创新内容特征

### （一）突出经营理念，侧重管理功能整体提升

20 世纪 80 年代初，国有企业管理创新内容比较单一，以加强企业生产管理为主，管理创新的目的也具有一元化的特质，即恢复生产和保障供给。进入 80 年代中期以后，管理创新的内容呈现出多样化的特征。从创新的类型上看，至少包括整体管理创新、专项管理创新、现场管理创新和计算机辅助管理创新四种创新类型。但是，从创新的具体内容上看，整体管理创新和专项管理创新是创新的主流模式。单就整体管理创新而言，管理创新的整体性主要包括以下三个方面：其一，包括了决策、计划、组织、指挥、协调、控制与激励等各项管理功能的优化，以及各项管理功能的高度匹配与整体管理水平的提升等，突破了 80 年代初单一的加强生产管理做法，拓宽了管理创新的领域，这对提升国有企业管理水平起到了很大的促进作用。其二，将经营列入管理的范畴，并迅速提升经营在管理中的地位。一种以经营为主导，以提高经济效益为中心的管理创新价值取向开始确立。这种新的管理创新价值取向的确立意义重大，它标志着国有企业的管理开始逐步走出计划经济体制下唯生产论的束缚，市场经济思想逐步取代计划经济思想，并成为指导国有企业管理创新的新思想。其三，实行以人为本的管理理念。确立人是管理的核心要素，积极探索劳动人事和分配制度改革，调动职工的积极性，全面增强企业活力。

专项管理创新较之整体管理创新，在创新领域和创新目的上比较单一，其突出集中在对企业生产经营目标实现产生主要制约作用的成本、质量和设备管理等专项管理领域。专项管理创新的目的是提高产品质量和增加经济效益，这是管理创新领域集中，国有企业开展最多的一种管理创新类型。国有企业开展的专项管理创新在具体做法上具有以下特点：其一，在提高经济效益目标的统领下，创新企业探索出了一种识别和锁定关键管理创新领域的管理创新诊断模式。创新企业通过运用这种管理创新诊断模式，开展了形式多样的成本管理创新、质量管理创新和设备管理创新等管理创新活动，并且达到了提高产品质量、提高资源和设备利用率、提高企业经济效益的创新目的。其二，创新企业学会了用商品经济的思维来分析专项管理，创新专项管理的新思路。在这种新的管理理念指导下，企业将

商品货币关系直接引入企业内部，变企业内部各单位之间、各工序之间的供领关系为买卖关系，按照责任价格实行厂内结算。各责任单位和个人按照自身承担的责任和贡献索取经济报酬的做法，就是创新企业在开展专项管理创新中，运用商品经济理论创新的管理方式之一。其三，探索出了一种以关键管理功能优化和提升为主轴，依照相关性原则同步提升同一或相关管理链条上各项管理功能，最终提高企业整体素质和管理水平，实现创新目的的专项管理创新模式。以成本管理创新为例，产品生产成本管理是成本管理创新的中心或主轴，依照事前控制、事中控制和事后控制的成本管理创新原则，创新企业对成本形成链开展了原材料采购限价管理、原材料基地建设管理、原材料消耗定额和加工工时定额管理、工序质量控制和产品销售风险承包等多项管理创新活动，科学、严格地控制了成本费用的发生。不仅如此，部分创新企业还创新了成本管理的范围，将技术创新作为成本管理的重要支撑内容，即通过新产品开发、产品设计与工艺设计改进，以及更新或改进生产技术装备来提高产品质量和降低生产成本，并取得了显著的创新效果。

**（二）建立以改革促管理创新、以管理创新巩固和发挥改革成果的良性互动关系**

“以包代管”和“一包就灵”是对改革作用的盲目误解，也是对改革与管理创新之间的关系的一种错误认知和理解。开展管理创新的企业走出了这种思想认识上的误区，并且正确把握了改革与管理创新之间的关系，树立了以改革促管理创新、以管理创新巩固和发挥改革成果的观念。此外，改革企业内部劳动人事管理制度和分配制度，建立促进改革和企业发展的激励与约束机制，也是众多开展管理创新的企业在正确处理改革与管理创新关系方面采取的极富成效的举措。

**（三）国有企业开展的管理创新在创新性质上是典型的体制内管理创新**

虽然国有企业开展的管理创新形式多样，内容也较为丰富，然而，从创新的性质上区分，国有企业管理创新属于典型的体制内管理创新。

首先，从国有企业的性质上看，无论是“放权让利”改革，还是以解决“两权分离”为目的的“承包经营责任制”的推广，都未能解决国有企业所有权与经营权的分离问题。在缺乏法人财产权的情况下，“自主经营、自负盈亏、自我约束和自我发展”的“四自”主权无法真正回归国有企业。因此，在这种情况下，国有企业作为政府行政附属物的地位没有改变。国有企业的体制特征必然会对国有企业的管理创新产生实质性的影响，这种实质性的影响集中体现为以下三点：其一，决定了国有企业管理体制的不可变革性；其二，剥夺或禁止了国有企业对国有资产的处置权、转让权；其三，剥夺或严格限制了国有企业的用工自主权。因此，国有企业的管理创新是在政府权力设置的框架内进行的管理创新，这显然是一种典型的体制内管理创新。

其次，从宏观经济体制看，20 世纪 80 年代中后期实行的是有计划的商品经济，可见，计划经济体制是这一时期我国宏观经济体制的基本特征。在计划经济体制占主导地位或计划经济体制仍然是宏观经济体制基本属性的情况下，国有企业开展的管理创新只能是体制内的管理创新。

最后，从国有企业管理创新的主要内容看，国有企业管理创新与国有企业性质之间存在着显著的因果对应关系。这种对应关系可以从国有企业管理创新的主要内容上得到证实。

## 第二节　转型中期国有企业市场化管理创新特征

### 一、转型中期国有企业市场化管理创新动因特征

国有企业市场化管理创新动因的特征可以归纳出以下两个问题：其一，在这一阶段是何种因素促使管理创新由早期的体制内管理创新质变为市场化管理创新？其二，国有企业管理创新属性上的变化赋予管理创新动因上的新特征是什么？对于上述两个问题，本书本着历史唯物主义的研究原则，采用了归纳演绎研究方法。通过研究与分析，国有企业管理创新的动因具有以下特征。

#### （一）政府的强有力推动与主导仍然是推动国有企业管理创新的第一动因和条件

在转入社会主义市场经济体制后，国有企业改革政策也相应有了重大进展。其中，对国有企业发展和管理创新产生重大影响的改革政策有：建立现代企业制度，切实解决“两权分离”；对公有制含义的新诠释；国有企业的战略性重组等。这三项重大改革举措对国有企业管理创新直接产生了颇具实质性的重大影响：其一，建立现代企业制度，解决了“两权分离”问题，使法人财产权逐步回归国有企业，国有企业不再是政府的行政附属物而逐步嬗变为“自主经营、自负盈亏、自我约束和自我发展”的相对独立的法人实体和市场竞争主体。其二，对公有制含义的新诠释，强调公有制可以有多种实现形式，如混合所有制经济中的国有成分和集体成分等。这一理论创新对改变国有企业一元化产权结构，建立完善的法人治理结构，进而变革国有企业管理体制和开展企业兼并重组等起到了破冰的作用，不仅深化了国有企业的管理创新，也大大拓宽了国有企业管理创新的领域。其三，实施国有企业的战略性重组，从总体上搞活了国有企业，并提升了国有企业素质，这是一种有所为有所不为的战略发展思路。在这一战略发展思路的指引下，国有企业资本经营的理念得到了合法的确认，这对国有企业管理创新产生了极其深刻的影响。它将资本经营合法纳入管理创新的范畴，开辟了资本经营与实物资产经营相结合的管理创新领域，使管理创新突破了企业的边界并步入了包括资本、人才在内的生产要素整合与创新的新阶段。

可见，国有企业改革政策的深化不仅是推动国有企业管理创新的第一动因，也是推动国有企业管理创新市场化发展的第一动因。同时，国有企业改革政策的深化也为国有企业

自觉、主动地开展管理创新创造了条件。在国有企业改革政策强有力的推动下，管理创新日益成为国有企业自觉主动的创新行为。

### （二）来自市场的愈益激烈的竞争挤压，是造成管理创新目的多元化和管理创新内容多样化的直接因素之一

在我国全面转入社会主义市场经济体制之后，经过10多年快速增长而积累起来的经济力量，最终使市场力量超越了计划的作用。占据主导作用的市场力量，对从体制内走出来的国有企业产生了最直接、最现实、作用力日益增强的挤压作用。

在影响国有企业管理创新的诸多动因中，排在第一位的因素是：国有老字号企业和部分身处竞争性行业的国有企业仍然受计划经济观念的影响，存在管理体制、机制僵化，经营管理粗放，企业活力明显不足，亏损严重等问题。随着来自市场的竞争压力不断增加，部分国有企业面临市场份额减少、盈利水平下降等不利局面，其根源在于管理观念陈旧，管理体制、管理机制不适应市场经济运行的要求。这种情况在铁路、电信、电力和有色金属企业中最为明显。可见，来自市场的竞争挤压和国有企业对市场经济的不适应是国有企业陷入经营困境的主要原因，也是迫使国有企业进行市场化管理创新的重要动因。调查的结果基本印证了前文的理论分析推断，即作用力不断递增的市场竞争挤压，是迫使国有企业进行管理创新的强大外援；市场竞争挤压的多重性是决定或影响国有企业管理创新目的多元化和创新内容多样化的直接因素之一。

### （三）将国有企业开展的体制内管理创新转变为市场化管理创新的动因

国有企业改革政策的深化逐步把国有企业推向市场，从而为国有企业深化管理创新创造了必要条件。市场经济体制的确立和由此带来的经济活动运行方式的改变、多极化竞争格局的形成等彻底改变了国有企业的生存与发展环境，为国有企业进行市场化管理创新创造了市场化环境。但是，仅有上述必要条件，仍不足以形成国有企业开展市场化管理创新的充分必要条件，只有在国有企业开展市场化管理创新内部因素具备的条件下，才会形成国有企业市场化管理创新的充分必要条件。

### （四）国有企业自身问题依然是促使国有企业进行管理创新的重要内因

从梳理的情况看，国有企业管理创新的内部动因集组成要素，在数量上有显著增加的特征。创新动因集要素数量的显著增加至少说明了以下两个问题。其一，加入管理创新行列的国有企业数量和国有企业行业分布显著增加。垄断行业中，国有企业市场化管理创新工作的启动和加快就是有力的佐证。其二，国有企业管理创新动因复杂性凸显。由此而决定的国有企业管理创新目的的多元化和创新内容的广泛性与多样性，日益成为国有企业管理创新的主要特征。从国有企业管理创新动因要素属性来看，按照对管理创新影响频率值的高低来排序，依次是管理因素、经营困境加剧和亏损或微利因素、竞争能力薄弱和强烈的成长愿景等。可见，在促使国有企业开展管理创新的内部动因中，管理问题、经营状况

恶化或亏损增加等因素，以及竞争力薄弱等并列为推动国有企业开展管理创新的首位因素，而强烈的追求成长的愿景则是极具影响力的重要因素。因此，在国有企业内部的动因因素呈多样化变化的过程中，存在着主要动因因素数量增多和有影响力的因素高度集中的趋势。

## 二、转型中期国有企业市场化管理创新目的特征

### （一）国有企业管理创新目的多元化趋势进一步增强

在转入市场经济体制后，几乎所有的国有企业都加入了管理创新行列，由于国有企业数量多、行业分布广，不同企业之间的个性差异往往很大，这样必然造成国有企业在管理创新的目的上有显著的差异。但是，从解决国有企业对市场经济的适应性和国有企业的国有属性角度看，国有企业在管理创新的目的上必然会存在共性的内容。管理创新目的的差异性与共性并存的现象，是这一时期国有企业管理创新目的的显著特征之一。从考证的情况看，这一时期国有企业管理创新的目的，可以从创新企业衡量创新效果的指标中进行分析。以实施战略管理创新为例，创新企业采用的衡量管理创新效果的指标共有 3 个大类 12 个分项指标。大类指标分别是经济效益类、技术创新成果类和社会效益类。其中，社会效益类指标虽然选用率不高（低于受调查企业数的 10%），却是管理创新第一阶段创新企业很少采用的衡量指标。这说明国有企业管理创新的目的已经开始超越唯经济利益至上的价值取向，开始把积极承担企业的社会责任和履行企业的社会义务纳入其中。注重社会效益，说明国有企业管理创新目的内涵的丰富和管理创新价值取向的提升，但是提高经济效益仍然是国有企业共同的创新目的。注重技术进步，提高市场竞争力是大多数企业共同的创新目标。国有企业管理创新目的的差异性主要体现在市场表现和企业能力两个维度上。其中，市场表现的差异性主要包括：进军国际市场，增加国际影响力；争当标杆明星企业，做强做大企业；挖掘潜力，摆脱经营困境，扭亏增盈；开辟新的发展领域，创造新的辉煌，实现企业跨越式发展；等等。企业能力是指创新企业为了解决企业近期或中长期发展问题，争取优良的市场表现，重点培育和提升支撑企业近期或中长期发展目标，实现某种关键能力。构成差异性的企业能力主要有市场适应能力、核心竞争力、国际竞争力和战略管理能力等。

### （二）初步形成了国有企业管理创新目的形成机制

国有企业管理创新的背景和内容，隐含着管理创新目的的形成机制。国有企业管理创新的背景说明了两个问题：一是开展管理创新的动因，二是企业的发展目标。动因与管理创新目的的形成不仅高度相关，而且是决定创新目的形成的第一因素。管理创新的内容能够从创新实践的角度来阐述或反映管理创新的设计与创新目的，而且阐述得比较具体。从国有企业行业属性和国有企业个性特质来分析，垄断行业逐步放开之后，竞争压力的不断

增加和垄断行业企业盈利水平的持续下降是造成这类企业开展管理创新的主要动因。从促成国有企业开展管理创新的动因来分析，这些体现个性差异的动因主要包括以下三种。其一，创新企业已经具备一定的优势和良好的发展基础，有着强烈的成长愿景，期望通过实施管理创新来实现做强做大的发展目标。这是一种比较典型的资质优良的追求成长型创新企业，做强做大企业、使企业发展成为国内明星标杆企业等是企业的管理创新目的。其二，行业竞争激烈，企业陷入价格战恶性循环，缺乏核心技术、产品成本过高和市场反应速度慢等原因，致使企业陷入亏损的经营困境。开展管理创新是这类企业走出困境的唯一选择，管理创新的目的是扭亏增盈、走出经营困境和谋求新的发展。由于导致企业亏损因素的多样性，这类企业管理创新的具体目标，通常是由若干相互促进的子目标构成的创新目标集，目标集的子目标主要包括：推动技术创新的技术创新体制与机制创新，管理体制与运行机制创新，质量、成本、营销等专项管理创新，以及各种现代化管理方法与技术的推广应用等。由这类动因促成的管理创新和最终选择这种创新目的的企业，在竞争性行业中数量最多。其三，企业原有主导产品已经出现市场饱和的现象，行业进入长时间的恶性竞争时期，严峻的现实迫使企业必须作出新的战略决策，开辟新的道路。在这样的动因作用下，已经具备较好发展基础的企业，选择了战略管理创新，其创新目的是引领企业开辟新的发展领域，创造和持续提升核心竞争力，最终实现新的发展愿景。

### （三）管理创新的深度不够，重点不突出

虽然国有企业经过了多年的管理创新，但仍未能达到预期的创新目标，甚至部分国有企业的经营困境有着加剧的趋势。国有企业在管理创新目的的选择上突出存在以下两个问题。其一，未能将深刻变革管理体制作为管理创新的目标。在解决与市场经济发展的管理适应性上，国有企业的管理创新仅限于管理观念的更新、管理组织机构的精减、管理权限的重新调整和企业内部运行方式的市场化变革等。多数创新企业没有深度触及国有企业管理体制这个最具根本性的问题，结果多元化的产权结构迟迟没有形成，完善的法人治理结构一直停留在口号阶段，管理权限高度集中继续保持刚性状态。其二，管理创新在创新的设计上未能有效引入战略管理理念。相反，由承包制延续下来的短期化经营思想继续发挥着一定的消极影响，从而导致大多数国有企业未能将促进技术创新和自主品牌建设，列为管理创新的重点和目标。可见，国有企业管理创新任重而道远。

## 三、转型中期国有企业市场化管理创新内容特征

纵观这一时期的国有企业管理创新活动，国有企业管理创新的主要内容如下：①管理体制与运行机制的变革，目的是建立起与市场经济体制相适应的企业管理与运行方式；②构建推动技术创新的创新体制和创新机制，为企业核心竞争力的培育和持续提升提供创新环境和技术支撑；③及时将市场营销方式创新列为管理创新的重点，重新确立以市场为

导向，满足顾客个性化、多样化需求，重视快捷便利服务的经营理念；④积极开展资本运营，资本运营的大力开展标志着国有企业的管理和管理创新开始走向成熟。

转型中期的国有企业管理创新在创新的性质上属于市场化管理创新，从国有企业管理创新的内容看，至少可以从以下两个方面来说明这一时期的管理创新，是一种市场化性质的管理创新。首先，这一时期随着国有企业改革政策的不断深化，国有企业在属性上已经初步完成了从早期的政府行政附属物向独立法人和市场竞争主体的转变，国有企业已经初步演变成真正的企业。其次，市场经济理论已经成为国有企业管理创新的根本指导思想，而来自发达国家的战略管理、系统论和核心竞争力理论等先进的管理思想日益成为国有企业开展管理创新设计和实施创新管理的认识论与方法论。从国有企业管理创新的指导思想来看，其带有方向性和纲领性的思想指导作用集中体现在以下三点：①确立了市场化经营和市场化管理的管理理念，基本抛弃了计划经济体制下的行政主导和计划安排的管理思想；②牢固树立了满足市场需求，为顾客创造价值的经营理念；③解放了国有企业的管理思想，将国有资产价值形态的经营与管理纳入了管理创新的范畴，开辟了资本经营的新领域，从而大大推动了国有企业市场化管理创新的发展。战略管理、核心竞争力理论等先进管理理论，从操作层面为国有企业开展管理创新提供了认识论和方法论上的指导。在国有企业管理创新实践中，这些先进的管理理论对提高管理创新的科学性、先进性发挥了巨大的作用，是推动管理创新不断向前发展的重要理论基础和支撑力量。

## 第三节　转型深化期国有企业管理创新特征

### 一、转型深化期国有企业管理创新动因特征

#### （一）国际化竞争的加剧和国有企业体制属性的深刻转变，是战略管理创新动因的主要变化之一

2003 年以后，我国宏观经济体制已经步入相对成熟的时期。市场的竞争环境，已由原来相对隔离的国内市场与国际市场各自范围内的竞争，转变为国内市场国际化和国际市场国内化的竞争。在这种新的竞争环境下，国有企业的体制属性也发生了较大变化，这是这一时期战略管理创新再度兴起和发展的重要动因之一。具体来讲，这种源自创新背景的动因可以概括为两个动因要素。其一，空前激烈的国际化竞争，对国有企业形成了强大的冲击和竞争压力。同时，也为国有企业开辟了新的发展空间，提供了新的发展机遇。其二，可持续发展问题逐步成为国有企业的奋斗目标，由此引发的战略管理创新和对战略发展的关注，随之成为国有企业管理创新的一种主流形式和创新理念。

### （二）动因因素的合力作用，是推动战略管理创新形成和发展的基本形式

影响战略管理创新的动因具有以下特征。①影响创新的动因因素呈高度的分散化趋势，动因因素的合力作用是战略管理创新形成和发展的基本特征。②市场因素开始上升为推动战略管理创新形成与发展的第一因素，市场对管理创新的影响力呈加速上升的趋势。③企业资质与条件因素开始成为推动战略管理创新的重要动因之一。在考证与梳理出的五大动因因素中，企业资质与条件因素是其中的一大动因因素，该因素对战略管理创新的影响力与其他的三大因素的合力相当。这至少可以从事实的角度说明，创新企业自身的基础与条件是影响管理创新的重要因素之一，并且创新企业的基础和条件也同样是创新企业选择创新类型和确定创新目的的重要影响因素。④来自国有企业内部的因素集，已经成为推动战略管理创新的第二大因素。

基于对这一时期国有企业主流管理创新类型动因的分析，可以得出以下两个研究结论。其一，这一时期外部环境因素是推动国有企业管理创新的第一动因。构成第一动因的要素主要是国有企业改革政策的强力推动，资源、能源供给的约束，环保压力，国际化竞争的加剧等。其二，国有企业内部动因已经降为推动国有企业管理创新的第二位，追求成长的强烈愿景和具备开展管理创新的条件与基础已发生了深刻的变化。

## 二、转型深化期国有企业管理创新目的特征

国有企业管理创新目的差异化、共性化，尤其是管理创新目的质的转变与发展是这一时期国有企业管理创新目的变化上的基本特征。

### （一）各类管理创新的目的存在交集

这一时期，国有企业管理创新的目的在共性维度上，表现为管理创新点选择的一致性、创新价值取向的一致性以及创新价值取向发展的一致性。管理创新点的共性域主要包括：企业重组与资源整合，促进技术创新和产品结构升级，深刻变革企业管理体制与运行机制等。国有企业管理理念的变革与发展集中体现在以下两个方面：其一，国有企业基本树立了可持续发展的创新指导思想，基本确立了可持续发展的管理创新目标与企业发展目标；其二，在这种管理思想指导下，国有企业有意识、有计划、有目的地把管理创新，作为实现从粗放型增长向集约型增长方式转变的最有力的途径和方式。

### （二）管理创新目的的差异性，呈现多元化分布格局

管理创新目的的差异性，体现了管理创新目的上的两个发展变化。首先，是管理创新目的形成机制。创新企业的个性特质，直接影响国家针对某特定行业国有企业改革政策的制定与实施，它间接有效地影响管理创新类型的选择。其次，从影响管理创新诸多力量的作用关系看，国家针对整个国有企业和某特定行业，制定颁布的国有企业改革与发展政策，对创新主体的创新目的的最终形成起到了主导作用。具有国际化属性的竞争压力和资源、

能源供给约束以及环境保护的巨大压力等，都对国有企业生存与发展环境造成挤压效应，从而间接或直接地影响国有企业管理创新类型与创新目的的选择。

国有企业改革与发展政策是影响或决定管理创新目的形成的第一因素，而国有企业改革与发展本身又是国际化竞争加剧，资源、能源供给约束和国有企业个性特质等因素的函数，这三大主要因素的作用会对国有企业改革与发展政策的走向、目的和作用力度等产生直接的影响。国有企业个性特质因素，一方面是影响国有企业改革与发展政策的主要因素之一，它间接影响管理创新目的的形成；另一方面通过创新主体，在既定的改革与发展政策以及外部市场和资源、环保等因素的作用下，发挥管理创新类型和管理创新目的选择权的作用。管理创新类型在管理创新目的影响因素和管理创新目的之间发挥着“桥”的作用，它对管理创新目的形成起到方向指示性的作用。这是管理创新目的具有差异性特征的重要原因之一。此外，国际化竞争压力和资源、能源供给约束以及环保压力，不仅是影响国有企业个性特质的重要因素，而且直接影响管理创新目的的形成。

管理创新目的发展变化的另一个显著特征是，在管理创新的差异性维度上，创新目的同样存在着显著的发展性或创新性。在差异性维度上，创新目的发展性或创新性的演进趋势或变化规律主要包括以下内容。

1. 管理思想的解放和更新

这一时期，国有企业废除的陈旧过时的管理思想主要有：“大而全”和“小而全”的封闭式管理思想；对公有制含义的曲解；重实物资产管理、轻货币资产管理，重生产经营、轻资本经营，重基本建设、轻技术创新和自主品牌建设等。同时在此基础上，基于立足长远性、国际化竞争和追赶世界先进管理水平的考虑与发展需要，秉持专业化、市场化、公司化和国际化运作的管理理念，建立循环经济思想，积极发展循环经济，力争实现社会效益、经济效益和环境的和谐统一。先进的管理理念代表着时代前进的方向，完全能够顺应市场经济深入发展和国际化竞争与发展的需要，这从思想理论的源头上，确保了国有企业管理创新的先进性、发展性和管理创新的成功，并为推动国有企业的发展，提供了最根本的保障。

2. 改变了管理创新的方向和重点

与以往各时期管理创新不同的是，这一时期的国有企业在管理创新目的的导向作用下，普遍地选择了适应时代发展需要，旨在找到实现经济发展方式转变的新的管理创新方法和重点。管理创新重点是实现管理创新目的最主要、最关键的支撑，它也最能代表管理创新的品质和管理创新的发展。国有企业选择的管理创新重点主要集中在：彻底变革管理体制与运行机制，把国有企业建设成产权清晰、产权结构多元化、法人治理结构完善、母子（分）公司权责明确、管理科学的现代公司制企业；推进主辅分离，精干主业，搞活辅业，实现主辅业并行发展，把企业建设成国内乃至国际领先的强势企业；全力以赴推进技术创新和积极建设自主品牌，促进产品结构升级，提高优势品牌的市场影响力；开展企业重组与资源整合，提高资源配置的质量和效率，创造新的竞争优势等；开展资源节约与环境友好型企业建设，积极发展循环经济，实现社会效益、企业经济效益与环境的和谐统一。在上述这些重点创新领域中，国有企业普遍选择的共性管理创新重点集中在，彻底变革管理体制与运行机制，全力促进技术创新以及节能降耗、加强环境保护等三个方面。值得说明的是，上述这些管理创新重点或创新性主要体现在以下几个方面。其一，彻底性。如管理体制的变革与运行机制的重塑更为彻底，更符合现代公司制企业发展要求。其二，普遍性。以往国有企业管理创新只是某些创新企业的选择，并不是所有开展管理创新的企业都带有普遍性的选择。而这一时期管理创新领域的选择从调查的情况看带有普遍意义。其三，创新企业意志坚定，创新力度大。这一点在企业重组与资源整合、促进技术创新等方面表现得最为突出，开展管理创新的企业因此得到了“脱胎换骨”式再造，也得到了创新能力和发展能力质的提升。

**（三）积极履行企业的社会责任，是管理创新的主要目的**

开展管理创新的企业越来越多地把积极履行企业的社会责任，追求社会效益、经济效益和环境的和谐统一作为管理创新的重要目的之一。在开展管理创新的国有企业中，三分之一以上把循环经济清洁生产、环境保护、先进管理以及促进地区经济发展等，作为管理创新的目的。这充分说明了国有企业伦理价值观的提升，管理创新与国有企业发展品质的提升。

## 第四节　国有企业管理创新目的的演进趋势与特点

### 一、转型时期国有企业管理创新目的的演进趋势

从 1981 年起国有企业开始开展管理创新，其大体分为 1981—1991 年（转型早期），1992—2001 年（转型中期）、2002 年至今（转型深化期）三个不同的发展阶段。三个不同的发展阶段首尾相连，整个国有企业的管理创新活动呈现出连续创新的发展趋势。作为国有企业管理创新重要组成部分的管理创新目的，也同样呈现出不断发展的变化趋势。纵观整个转型时期，国有企业管理创新目的的发展变化趋势如下。

**（一）管理创新的目的由一元化加速向多元化发展，同时提高经济效益、增加盈利水平始终是国有企业管理创新的首要目的**

在转型早期，即国有企业开展管理创新的起步阶段（1981—1991 年），增加生产和

保障供给是当时国有企业管理创新的唯一目的，国有企业管理创新的目的是一元或单一的。

进入转型中期以后，即国有企业管理创新的第二阶段（1992—2001年），国有企业管理创新的目的，在功效性上的共性特征主要是增加销售收入和提高经济效益。

在国有企业管理创新第三阶段（2002年至今），每个接受调查的创新企业，都选用了销售收入和实现利润两项指标作为衡量创新效果的考核指标。在整个转型期间，除了转型早期短暂的几年时间外（20世纪80年代初期，在80年代中期以后提高经济效益，已经发展成为国有企业发展和管理创新的主要目的），增加销售收入和提高经济效益始终是国有企业管理创新的首要目的。

国有企业管理创新的目的在不断地丰富和发展，其突出表现为国有企业管理创新的目的由一元化向多元化发展，以及多元化维度上创新目的的内涵不断丰富。这种认识上的推断，可以从考量管理创新目的内涵维度数量的增加，以及不同维度具体衡量管理创新效果指标的变化与发展上得到证实。在进入国有企业管理创新第二阶段之后，国有企业选用的衡量管理创新效果的指标，便出现了多维度发展的趋势。除了第一阶段衡量管理创新效果的功效性维度外，还出现了衡量创新企业能力方面的考核维度，如适应性、发展能力和创新企业发展愿景等三个不同维度。考量维度数量的增加不仅能够证实国有企业管理创新目的多元化发展的客观性与事实性，而且也能充分证实管理创新目的的丰富性与发展性。进入管理创新第三阶段后，国有企业管理创新目的的多元化发展，主要表现为衡量管理创新效果的功效性、适应性、能力性和发展愿景性等四个不同维度上。以管理创新目的的功效性为例，从管理创新第一阶段到管理创新第三阶段，其发展变化趋势依次是：由增加产量，保障供给转为扭亏增盈；由做强做大企业、提高经济效益转为拥有自主知识产权的核心技术和优势品牌；积极提高企业规模化、集约化水平和品牌市场扩张力，提高企业的核心竞争力和发展品质，实现企业的可持续发展等。这些带有显著历史印记或时代特征的，反映国有企业管理创新目的功效性的发展变化轨迹，从发展史实的角度证实和揭示了国有企业管理目的多元化的发展趋势。

### （二）适应经济转型和国有企业改革政策深化的需要，始终是国有企业管理创新的主线

首先，在国有企业的企业性质与任务的发展方向上，在经济转型不同时期，国有企业管理创新始终是以适应市场经济的发展和发挥改革成果为主攻方向。在这种目标导向的指引下，第一阶段国有企业管理创新目的的发展轨迹是适应商品经济发展、增强企业活力和增加经济效益（1981—1991年）；第二阶段是适应市场经济发展，增强企业活力和市场竞争力，扭亏增盈，提升发展能力（1992—2001年），第三阶段则是顺应市场经济深入发展和国际化竞争的需要，进一步提升国有企业的市场应变能力和驾驭能力以及国际化竞争能力，持续提升盈利水平、技术创新能力，推动和加快发展方式的转变，进一步发挥对整个

国民经济发展的主导作用和支撑作用，实现高质量发展。

其次，在管理创新目的的功效性层面上，创新目的呈现出不断丰富与发展的演进趋势，但是，提高盈利能力和增加经济效益，始终是国有企业管理创新不变的首要目的。2002年以后，国有企业管理创新目的的功效性在持续保持多元化特征的同时，呈现出创新目的不断深化的新发展特征。从文献考证的情况看，这一阶段国有企业管理创新目的功效性的深化趋势是：提高企业的技术创新能力和管理水平，把企业打造成为极具国际竞争力和盈利能力的强势企业，最终实现可持续发展目标；推动企业产业升级、产品结构升级，增强品牌的市场扩张力，彻底变革企业管理体制与运行机制，提高企业规模化和集约化水平，提高企业核心竞争力和盈利水平，实现企业的可持续发展；解决企业发展与资源、能源供给短缺和环境污染的矛盾，转变企业发展方式，提高企业盈利水平，引领企业走上可持续发展的道路等。从上述国有企业管理目的的功效性的演进趋势中可以看出，国有企业管理创新目的的功效性发展存在着显著的渐进式发展特征，这种渐进式发展体现的是管理创新目的不断深化和发展。

再次，在国有企业管理创新目的的能力性和适应性层面，也同样存在着渐进式发展和不断深化的演进特征，如主动适应市场经济深入发展的需要，不断探索企业新的发展方式等，是管理创新目的在能力性和适应性层面上的主要发展方向。从文献考证的情况看，转型时期，国有企业管理创新目的在能力性和发展适应性层面上，具有显著渐进式特征的发展变化趋势。在20世纪80年代初，管理创新的主要目的是在国家计划的指导下，加强企业管理，挖掘生产潜力，完成生产计划任务，保障供给。到了80年代中后期，适应商品经济迅速发展的需要，促进企业加快由生产型向生产经营型转变，提高经营能力和管理水平、提高经济效益等成了国有企业管理创新目的的重要内容之一。在实行社会主义市场经济体制之后，国有企业管理创新的目的呈现出加速发展和深化的趋势。1992—2001年，国有企业管理创新的主要目的是：适应市场经济发展和市场竞争日益激烈的需要，不断提高企业的市场应变能力、科学管理能力，解决管理能力递减问题，为企业的快速发展提供管理保障；通过管理创新，尤其是营销方式创新、技术创新、资本经营和现代化管理方法与管理技术的推广应用，大力推动企业由生产经营型向速度效益型乃至创新效益型企业转变，以此来培育和持续提升企业的核心竞争力、战略发展能力和战略管理执行力，不断提高企业的市场竞争能力。在这一时期，不论管理创新的类型如何、创新主体的个性特质如何不同，为适应市场经济快速发展和市场竞争日益激烈的需要，推动国有企业向速度效益型乃至创新效益型转变，不断增强企业的市场竞争力是国有企业带有共性的管理创新目的之一。2002年以后，国有企业管理创新目的在适应性和能力性方面又有了新的发展和变化。在适应性方面，适应市场经济日趋成熟和国际化竞争日趋激烈的需要，切实转变企业发展方式，谋求可持续发展成为国有企业管理创新的主要目的。从调查情况看，这是这一时期各种不同的管理创新类型共同的创新目标取向。在能力性方面，切实担负起对整个国民经济发展的支撑作用和发挥对市场发展的强大影响力，确保国民经济健康、持续、快速发展，已经成为这一时期国有企业管理创新共同的具有战略和本质意义的目标。

最后，在发展目标与愿景层面上，也存在着渐进式发展和不断深化的显著特征。20世纪80年代，国有企业管理创新的主要目的是扩大生产规模，增加产能，提高经济效益和行政级别等。因而这一阶段，国有企业管理创新的目的具有显著的粗放型规模扩张和行政功利化特征，这是由当时的体制和环境因素决定的。1992—2001年，国有企业管理创新的发展愿景主要体现在管理创新致力于实现企业中长期发展能力和发展目标，主要表现为努力挖掘企业的潜力，提高企业的技术创新能力、市场开拓能力，培育和增强企业的核心竞争力，并加速核心竞争力向市场现实竞争能力转变，做强做大企业，力争使企业成为全行业明星标杆。值得注意的是，部分国有企业已经开始把增强企业的战略发展能力和战略管理执行力，追求企业的可持续发展作为管理创新的重要目标。而且，这种新的管理创新目标发展动向在开展管理创新的国有企业中呈现加速扩散与普及的发展趋势。这在一定程度上说明，国有企业在走向成熟，国有企业管理创新在不断深化和发展。2002年以后，国有企业管理创新迈入了新的发展时期，管理创新目的在企业发展目标和发展愿景层面有了新的变化，这些新的变化主要包括：管理创新的设计和意图更注重企业中长期发展愿景的规划和实现，国有企业愈加重视和愿意履行国家寄予的、国有企业应切实承担起支撑国民经济健康、持续、快速发展的责任，以及发挥对市场发展强大影响力的战略作用。

## 二、国有企业管理创新目的演进特点

### （一）国有企业管理创新目的的发展与国有企业改革政策的深化，具有时间上的同期性和发展目标上的一致性

转型时期，国有企业管理创新目的的发展和国有企业改革政策的深化，都经历了三个不同的发展阶段。其中，第一、二阶段在起止时间上基本相同，微弱的差别是第一阶段管理创新目的存续时间略短于计划经济体制内市场化取向的国有企业改革政策延续时间；第二阶段的微弱差异是在管理创新和国有企业改革新一轮发展中，管理创新起始领先于国有企业改革，周期长度略长于国有企业改革。第一阶段两者的时间分布差异说明，在国有企业管理创新的起步阶段，管理创新主要是由国有企业改革激发和推动的；第二阶段的差异说明，在实践中管理创新的发展领先于国有企业改革。第三阶段，国有企业管理创新与国有企业改革政策深化完全同步，这只是就两者发展总体状况而言，若深入具体的创新主体考察，管理创新目的的发展仍存在着领先于国有企业改革政策深化的现象。

因此，国有企业管理创新目的的变化与国有企业改革政策的深化，在发展的时间上具有显著的同期性特征，这是国有企业管理创新发展上的重要特点之一。从两者的发展方向、发展目的的演进趋势判断，国有企业管理创新的发展与国有企业改革的深化具有发展目标

上的高度一致性和演进转变的完全一致性。这说明国有企业改革政策与管理创新之间，在整个转型期内始终存在着相互依存、相互促进的动态发展关系，国有企业改革政策及其不断深化，一直是促进国有企业管理创新发展的重要因素之一。

**（二）国有企业管理创新目的转变领先于国有企业改革政策的深化，在整个转型时期，国有企业主流管理创新目的更替周期加速**

国有企业管理创新目的的发展转变领先于国有企业改革政策的深化。也就是说，国有企业管理创新目的的发展具有超前性，这是管理创新发展的一个重要特征。这一研究论断可以从不同时期国有企业管理创新目的确立时间，以及国有企业改革重大政策的延续时间的变化中得到证实。不同时期国有企业主流管理创新目的基本确立的时间逐步缩短，而且在整个转型时期国有企业主流管理创新目的的更替周期加速。从重大国有企业改革政策延续时间的角度考察，第一到第三阶段重大国有企业改革政策的持续时间依次是9年、6年和正在持续之中。与国有企业管理创新目的的更替周期相比，国有企业重大改革政策的延续时间长于国有企业管理创新目的更替周期。可见，在整个转型期内，国有企业管理创新目的的转变领先于国有企业改革政策的深化，以及管理创新目的更替周期加速等，是国有企业管理创新目的发展的重要特点之一。

**（三）转型的不同时期，国有企业都存在一个具有共性的、显著的管理创新主题**

国有企业管理创新先后经历了三个不同的发展阶段，在不同的发展阶段因管理创新主体个性特质的差异、政策与体制环境的迥异以及创新主体发展目标等的不同，出现过众多的管理创新类型。尽管管理创新类型众多、创新目的和创新侧重点各异，但是各种管理创新的类型，尤其是不同类型下的管理创新目的，都具有显著的时代性或阶段性特征。概括起来，不同时期带有共性特征的国有企业管理创新主题或目的如下。在国有企业管理创新第一阶段（1981—1991年），共性的管理创新目的是，适应商品经济和市场经济不断发展的需要，不断提高企业的经营能力和管理效率，扩大生产规模，增加产能，提高企业在行业中的地位和经济效益等。国有企业管理创新的第二阶段（1992—2001年），国有企业在创新实践中确立的共性创新目的是，适应市场经济快速发展的需要，进一步转换企业内部经营机制，增强企业活力，提高企业的市场适应能力、应变能力和管理创新的新发展，化解经营困境，谋求新的发展，实现做强做大企业的奋斗目标等。为了实现这一创新目的，国有企业选择了战略管理创新、整体管理创新、专项管理创新和企业信息化四种主流管理创新类型。其中，战略管理创新和企业信息化创新是国有企业新的管理创新途径与形式，而整体管理创新和专项管理创新，则在服务于管理创新目的方面出现了新的发展。首先，市场化创新思想的确立就是一种带有质变意义的发展；其次，引入和扩大资本经营这种新的管理创新内容，对促进国有企业管理体制的变革和运行机制的市场化转变，起到了很大的推动作用；再次，成功地推广应用现代化管理方法与管理技术（含信息化），有效地提高了创新企业的管理能力和市场应变能力，大大提高了国有企业的市场竞争力。这一时期，国有企业管理创新的实践再一次证明，每一时期国有企业都有一个具有共性的主流管理创新目的，在这种主流创新目的的导向作用下，创新企业找到了实现这一目的的管理创新形式和途径。管理创新目的明确是国有企业管理创新能够取得成功，并且能够不断向前发展的重要原因。

在整个转型时期，国有企业在不同的创新阶段都有一个鲜明的管理创新主题或目的，它们是统领国有企业管理创新的纲领性任务要求，为管理创新提供行动指南和奋斗目标。管理创新目的的明确，不仅是转型时期国有企业管理创新能够取得成功的原因，也是国有企业管理创新目的发展变化的重要特点之一。

## 第五节　国有企业管理创新的发展趋势与特点

国有企业管理创新内容的主要组成因素有：管理创新的指导思想，管理创新的范围、侧重点和管理创新的力度、深度等。

### 一、向市场化和国际化方向渐次迈进是管理创新总的发展趋势和特点

国有企业管理创新起始于20世纪80年代初，迄今为止，依次经历了体制内管理创新（1981—1991年）、市场化管理创新（1992—2001年）和管理创新深化（2002年至今）三个不同的发展阶段，同时也出现了三次管理创新的高潮。从国有企业管理创新发生、发展的过程看，管理创新不曾出现中断和倒退现象，渐次发展和连续创新是管理创新总的发展趋势。管理创新发展时间的连续性和管理创新性质的渐进式嬗变，是这种发展趋势最有力的明证。国有企业管理创新的内容比较丰富，管理创新的指导思想和管理创新的目的则是管理创新内容最本质的体现。管理创新指导思想和管理创新目的渐次发展的特征，则是国有企业管理创新内容向市场化方向不断发展和深入的最具本质意义的体现。在整个转型时期，国有企业管理创新指导思想的发展路径是社会主义初级阶段理论和价值规律理论、社会主义市场经济理论，战略管理、企业再造等现代管理理论以及循环经济理论等。管理创新指导思想的发展路径明确地显示或证明，市场化的逐步深入和向国际化先进水平的迈进与追赶等，都是国有企业管理创新带有定势化的发展趋势。相应地，国有企业管理创新目的嬗变，则是从功效性和可视化的维度具体证实这种发展趋势。国有企业管理创新目的发展演变趋势如下：一是增加生产，保障供给和提高经济效益；二是适应市场经济发展，增强企业活力，化解经营困境；三是积极融入市场经济和积极应对国际化竞争的挑战；四是进一步增强企业的活力，培育和持续提高企业的创新能力，推动企业发展方式的转变，

不断提高企业的国际化竞争能力和发展水平，力争实现可持续发展目标等。

## 二、管理创新的区域具有渐进式空间扩张趋势

早期的管理创新领域经历了两个不同的发展时期，在20世纪80年代初，管理创新集中在生产管理和企业秩序整顿领域，是一种局部的、单项管理创新，并且管理创新仅限于管理方法创新。到20世纪80年代末至90年代初，创新的领域已由生产管理扩展到成本、质量、经营和基础管理等诸多领域，创新的设计理念强调系统分析，整体优化各项管理功能，提高企业的管理现代化水平等。值得注意的是，正是从这一时期开始，国有企业管理创新出现了深化的发展趋势，变革企业的管理体制，重新调整企业内部各层级间的权、责、利关系，改革或创新劳动、人事、分配制度等逐步成为管理创新的重点领域。可见，在早期的管理创新阶段，国有企业管理创新已经出现了由单一的生产管理向各项管理功能优化，以及管理体制与经营机制创新扩展的发展趋势。进入90年代，国有企业管理创新的领域继续扩张，而且呈现出创新领域扩张与管理创新不断深化并行发展的格局。管理创新空间的扩张和管理创新的深化主要表现在以下方面。①管理创新属性质的转变与发展。从1992年起，国有企业的管理创新从原先的体制内管理创新，正式进入市场化管理创新阶段。这一阶段，管理创新的范围突破了企业的边界，一种跨企业、跨区域甚至跨国界的生产要素整合，逐步成为管理创新的重点领域和重要形式，而资本经营则是这种管理创新的重要形式。资本经营的出现是国有企业管理创新又一次带有飞跃意义的大发展，它大大拓宽了管理创新的空间，使管理创新的客体由实物资产转向货币资产，有效地提高了管理创新的市场化水平。②管理创新视界的拓展与创新理念的飞跃。这属于管理创新精神层面的拓展和提升，其中，最具有代表性的是战略管理与企业再造等先进管理理论的引入与推广应用。以顾客为中心，追求速度、质量、成本和服务等优势的竞争理念以及追求可持续发展的创新理念，逐步成为管理创新的指导思想。这些创新理论的确立，为管理创新提供了正确的创新方向，提升了管理创新的品质，并且使企业沿用多年的短期化经营行为失去了理论基础，推动管理创新和国有企业逐步迈入成熟发展阶段。

进入21世纪后，促进技术创新和自主品牌建设，发展循环经济，企业重组和组织机构的彻底变革以及战略管理思想的普遍推行等成为管理创新的主要领域。这是以往管理创新没有普遍做到的新的转变与发展。管理创新方式的转变，使创新企业普遍实施了市场化、专业化、公司化的创新机制，管理创新基本步入了完全市场化和科学管理的成熟阶段。管理创新发展的另一突出表现在于追赶国际先进管理水平已经成为创新企业，尤其是发展基础好的、成长愿景强烈的大中型企业的管理创新任务和内容。海外融资、跨国经营以及建立跨国战略联盟等，被相继纳入了管理创新的范围。

# 第二章　国有企业文化建设管理

## 第一节　企业文化建设概述

### 一、企业文化建设的含义

企业文化建设，就是根据企业发展需要和企业文化的内在规律，对企业现实文化进行分析评价，设计制定目标企业文化，并有计划、有组织、有步骤地加以实施，进行企业文化要素的维护、强化、变革和更新，是不断增强企业文化竞争力的核心要素。

可以从以下四个方面来进一步把握企业文化建设的内涵。

#### （一）企业文化建设是企业主动的组织行为

企业文化虽然是一种客观存在，但是人们可以通过发现、掌握和遵循企业文化发展变化的内在规律，主动地改变和发展企业文化。这里讲的企业文化建设，是一种以企业为主体，主动把握企业文化发展变化方向和程度的组织行为，是使企业文化从一种自然存在变为一种贯穿企业意志的存在，即实现从自在到自觉的转变。

#### （二）企业文化建设是企业发展战略的重要组成部分

这一观点阐明了企业文化建设与企业生存发展之间的关系。企业文化与企业的生产、经营服务等活动是密不可分的，如果将生产、经营、服务等活动比作人的体魄，则可以把企业文化比作人的气质。因此，企业文化建设不是孤立的企业行为，而是围绕企业最高目标（或长远目标）和发展战略的一种组织行为，是企业发展战略的一个重要组成部分。

#### （三）企业文化建设的目的是增强企业的核心竞争力

企业文化已经成为企业核心竞争力的主要来源。建设强大而优秀的企业文化，就是增加企业的竞争优势，积累企业的文化资本。因此，企业文化建设要始终从企业的核心业务出发，着眼于增强企业的核心竞争力，努力促进企业全面、协调、可持续发展。

#### （四）企业文化建设是一个持续的过程

这是由企业文化本身所具有的稳定性和连续性的特征所决定的。企业文化的发展变化不可能割裂历史，也不可能一步登天，是一个连续的动态过程。进行企业文化建设，不能抱着急功近利、急于求成的思想，不能指望一蹴而就、毕其功于一役，而是要随着企业发展、社会进步，不断地进行投入和努力。

## 二、企业文化建设的原则

企业文化建设，是一项创新的复杂的系统工程。在企业文化建设中涉及的问题很多，与国家制度、民族特点、经济环境等有非常紧密的联系，而且各个企业的具体情况、人员结构等因素，也都影响企业文化的取向。建设企业文化应遵循以下原则。

### （一）目标原则

要明确企业文化建设的目标和方向。只要有了明确的目标和方向，就可依此确立相应的价值标准、企业哲学、企业精神、道德规范和行为方式等，并据此组织、动员职工为实现目标而努力奋斗。

### （二）价值原则

企业的价值观是企业文化的核心，在企业内部发挥着激励全体职工的热情和形成凝聚力的关键功能。企业价值观是深入职工心灵的共同信仰，是企业和职工生存与发展的最基本的原动力。

### （三）开放创新原则

这一原则要求企业文化具有开放性和创新性。由于企业文化具有服务社会、服务消费的广泛性特点，必然要与其他企业、社会环境以及广大群众发生联系，因此，企业文化必须具有开放性和创新性。

## 三、企业文化建设的方法

企业的文化建设是一个系统工程，绝不是一朝一夕可以完成的，需要进行长期的培育和系统的建设。企业文化的塑造需要经历建造、修正、创新的过程，不可能一蹴而就、一劳永逸，需要持之以恒，常抓不懈。当然，企业文化建设也有一些基本的、有效的方法可以借鉴，通过以下七个环节建设企业文化是一种比较有效的方法和途径。

### （一）建立组织，加强领导

建立坚强的组织领导体制，是推进企业文化建设和其他一切工作的关键。必须把企业文化建设切实摆正位置，将企业文化战略作为企业发展战略的重要组成部分来研究和实施。要实行“一把手工程”，将企业文化建设与经营者考评有机联系起来，使企业文化建设真正落到实处。企业文化建设应形成经营者主导、职能部门牵头实施、员工广泛参与的领导体制和工作机制。要成立专门机构，对企业文化建设实施有效的领导和协调，确定企业文化建设的中、长期规划和年度计划，研究解决企业文化建设中的重大问题，协调部门之间在企业文化建设中的工作关系等。企业文化的性质决定了企业文化建设必须建立由企业管理者主导的领导体制。这有利于企业管理者深入研究企业文化理论，增强企业文化建设意识，克服企业文化“无用论”；有利于企业文化的构思和设计、企业目标、经营方针、发展战略、企业价值观、行为准则、企业形象等的确立；有利于企业文化建设的实践，企业文化建设是一项复杂的工程，在实施过程中会出现各种问题和矛盾，需要企业管理者及时解决。但企业文化建设是一项综合性系统性的工作，只靠个别管理者、个别部门是抓不起来的，只有齐抓共建，才能建设好企业文化。因此，要统分结合、上下联动、超前谋划、全面推进。设计企业文化发展的模式框架、拟订企业文化建设方案时，必须有重点、分层次，必须结合实际从而有步骤、有组织地推进。

### （二）舆论先行，营造氛围

完善的企业文化需要经过一定的时间过程提炼定格。这一过程，需要不断地分析、归纳、提炼，往往要经过多年努力才能形成。同时，企业文化要被人们认识和认同，必须通过宣传来实现。现代企业做广告，就是利用广告的宣传作用，使商品被人们了解并接受，而人们接受产品的过程，也是接受企业的过程。企业文化无论是被员工知晓，还是被客户和社会接受，都要进行宣传。企业核心理念和文化模式一旦确立，就应通过强烈的宣传教育使其深入人心。企业管理是一个不断调整和改进的过程，要利用宣传手段，营造文化环境，形成“文化驱动管理，管理催化文化”的良性循环。要总结宣传推广本企业员工的闪光点，使其升华，并渗透生产、经营、管理的各个角落。推举企业优秀员工，感召广大员工规范他们的行为，组织员工培训，通过培训强化企业文化的价值准则，增强员工的认同感和归属感。

### （三）健全制度，狠抓落实

企业文化建设是企业管理的一部分，制度建设是根本。制度建设是企业管理的基础性工作，也是企业文化的基本内容，它制约着企业文化发展的方向，也影响企业文化的特征。因此，真正造成企业文化差异的原因，是企业内部的管理制度。企业制度应体现企业理念，不搞“两张皮”。员工做什么、怎么做，在企业的制度中应明确规定。企业文化建设的过程，就是企业制度建立健全的过程，企业制度落实的过程，就是企业文化建设深化的过程。要使员工既有价值观的导向，又有制度化的规范，管理是最好的结合点。要让经过提炼定格的文化模式有必要的制度保障，建立奖优罚劣的规章制度。当然，领导对制度执行的率先垂范也起到决定性的作用。

### （四）典型引领，榜样示范

企业文化建设有一个调研、分析、摸索、提高的过程。榜样的力量是无穷的，发挥典型的示范作用是一种行之有效的方法。在具有优秀文化传统的企业中，最受人敬重的是那些集中体现了企业价值观的模范人物。没有典型人物的企业文化是不完备的文化，是难以传播和传递的文化。这些模范人物使企业的价值观“人格化”，成为员工学习的榜样，为员工所效仿，他们的言行举止，是企业文化的具体体现。要实施企业“亮点”工程，通过建立荣誉室和企业历史展览室，集中展示历年来企业获得的荣誉和职工的先进事迹，发挥先进典型的引领作用，将服务明星和业务能手奉为员工楷模，以此帮助员工形成正确的价值观。要把典型的选择工作与员工思想观念的树立结合起来，通过典型的培养和宣传，让员工看到企业倡导什么、崇尚什么、追求什么，营造导向明确、学有榜样的氛围。先进人物不但应拥有崇高的荣誉，受到全体员工的尊敬，还应在制度上保障他们的经济利益和晋升发展机会。

**（五）以员工为本，文化兴企**

谋求发展是企业文化的根基。在现代企业的发展中，人是最关键的因素，只有优秀的员工才能使企业取得更大的发展，同时也只有不断发展的企业才能留住优秀的员工。企业文化是一种重视员工、以员工为中心的企业管理方式，企业文化建设是做员工的工作，要在提高员工的素质上下功夫。要坚持将“以人为本”的思路贯穿于文化建设的全过程，把管理的重心放在员工这个基础上，树立科学的人才观，强调每个员工的力量，发挥每个员工的作用，鼓励每个员工的发展。要尊重员工、理解员工、关心员工、爱护员工、造就员工，最大限度地调动员工的积极性。要靠文化来驱动企业发展，形成全体参与、全员进取的企业文化。只有这样，企业文化建设才能沿着健康的轨道发展。同时，企业文化是企业管理者推广的文化，要培育企业共同的价值观，管理者就应成为这种价值观的化身。管理者要率先垂范，注重塑造、宣传、倡导积极的企业文化，在经营决策中体现企业理念，在具体工作中体现价值观。重视员工的满意度，让满意的员工把满意的心情带到工作中，从而实现满意的绩效。要为员工的前途着想，重视员工的职业生涯设计、规划和发展，让每位员工都能有一个奋斗的目标，并努力去实现人生的价值。要重视员工的教育培训，注意改进培训方式、培训内容，提高员工队伍素质，努力打造“金牌”员工。

**（六）与时俱进，不断创新**

当企业面临的形势和内外条件发生变化时，企业文化也应进行相应的调整、完善、丰富和发展，以保持企业文化建设的生命活力。成功的企业不仅需要认识目前的环境状态，还要正确把握企业的发展方向，有意识地调整企业文化，以适应市场挑战。企业文化建设的成功与否，很大程度上取决于企业的名牌效应，而名牌是通过企业文化的培育、浸润、打造而成的。要坚持与时俱进，凸显不同企业文化建设的自身特色。实施名牌战略，加强观念创新、战略创新、产品创新、服务创新、管理创新等，塑造企业的管理文化、产品文化、营销文化、服务文化、形象文化，形成独具特色的企业文化体系。要选择有效载体，通过各种文化活动，不断整合企业文化资源，探索企业文化发展的新方向，这是始终保持企业兴旺发达的不竭动力。当然，企业文化建设是企业的长期行为，不能朝令夕改，应该在调整中完善，在完善中创新。

**（七）持之以恒，历久弥坚**

企业文化建设，可以通过以下的成语来做阐释。“聚沙成塔”是集体力量、团队精神的象征，表明企业文化建设要发动全体员工参与。“滴水穿石”是持久力量的象征，表明企业文化建设不是一时之功，要持之以恒，坚持不懈，历久弥坚。“潜移默化”是在不知不觉中见功夫。这就是文化的力量，也是企业文化的真谛所在。

## 第二节　企业文化建设的实施与管理

### 一、企业文化建设的计划

企业文化建设要有组织地实施，每个阶段都需要调控，因此，计划性的强弱是企业文化建设的关键。

企业文化建设是一场特殊的变革，其特殊性在于它要改变的不是有形的物，而是无形的思想，是一场思想的变革。所以，企业文化建设既有企业变革的共性，又有不同之处。掌握企业文化建设的内在规律，对企业发展十分重要。

计划是不可缺少的一步，它的功效在于减少不必要的弯路，使企业文化建设能够基本按照规划进行，克服盲目性。

**（一）明确实施流程**

制订企业文化建设计划，首先要确定企业文化的实施流程，了解企业文化实施的主要步骤。一般而言，企业文化实施过程应包括对现有文化的分析与诊断、文化设计、文化导入、实施变革、制度化、评估与反思以及进一步深入等关键环节。

企业可以根据实际情况，增加或减少相关步骤，并制订实施流程图。有了这样一个实施框架，就可以拟订具体实施计划了。

**（二）确定实施原则**

在实施计划中，不仅要说明计划的具体步骤和工作安排，更为重要的是要确定企业文化的实施原则，以便对今后工作进行指导。因为任何计划都难免或多或少地脱离实际，为了保证企业文化建设的一致性和连贯性，需要在制订实施计划时，确定一些指导性原则。

1. 系统性原则

企业文化建设的组织实施是一个系统工程，这代表两层含义：一是企业文化与企业战略、组织结构、人力资源等诸多方面共同构成企业管理体系；二是企业文化内部也是一个完整的系统，包括理念层、制度行为层和符号层。可见，企业文化的实施必须有系统性，否则很难顺利推进。

我们在制订计划的过程中，要充分认识系统性原则。在安排实施时，只有充分考虑各方面的条件和影响因素，才能使企业文化融入整个管理。在企业文化建设受阻时，这一原则将引导我们进行系统分析，寻找原因和对策。

2. 辩证性原则

企业文化建设是关系企业生存与发展的一项战略性、全局性工作，涉及企业内外的一系列矛盾和关系，如继承与创新、改革与发展、学习他人经验与结合自身实际、长远目标与分步实施等。只有坚持用唯物辩证的观点处理好这些矛盾和关系，把不利因素转化为有利因素，调动起全员的积极性，才能保证企业文化建设落到实处。因此，辩证性原则是企业文化实施的重要原则，管理者更要学会辩证思考，客观冷静地面对文化变革，从容应对各种意想不到的情况。

3. 全员参与原则

员工在企业文化建设的过程中，既是被改变的客体，也是变革的主体。领导团队只有激发员工的主动性，变“要我改”为“我要改”，才能取得变革成功。这既是企业文化建设的核心部分，也是指导每步工作的重要原则。在制订企业文化的实施计划时，一定要强调这条原则，并且时时处处加以运用，这是企业文化建设不同于其他改革措施的地方。没有员工主动参与的企业文化建设是没有生命力的，也是不可能成功的。

## 二、企业文化建设的组织支持

在企业文化的实施阶段，领导体制是必不可少的。领导体制的作用主要是从思想、组织、氛围上为企业文化的变革进行充分的铺垫。具体说，就是在思想上吹响文化变革的冲锋号，在组织上建立文化变革的团队，同时在企业中营造适合文化变革的氛围。只有建立强有力的领导体制，并通过广泛宣传和有效培训，才能让企业内部的所有成员认识到变革的来临，进而引发他们的思考，使企业文化变革顺利进行。

### （一）设置领导机构

从一定意义上说，以企业精神为核心的企业文化，是管理者的人格化。管理者精神及管理者的形象，是企业文化的一面镜子，卓越的企业文化是管理者德才、创新精神、事业心、责任感的综合反映。

企业文化是管理文化、全员文化。企业文化建设是一项长期的系统工程，为确保企业文化建设健康有序地进行，要组建文化变革的领导机构。这个领导机构的名称，可以是“企业文化建设委员会”或“企业文化战略工程决策委员会”。企业文化是“一把手工程”，因此，在这个机构中，必须由企业的最高决策者担任委员会主任。管理者要通过企业文化的建设体现自己的价值取向，把握企业文化建设的整体方向，并始终占据决策地位。同时，要确定一名企业高层领导人，担任委员会的常务副主任，在企业文化建设的推进实施阶段，专职从事委员会的领导工作，以保证企业文化建设按计划正常有序地进行。企业其他高层领导人，可以担任委员会的副主任或委员。委员会还应当吸纳企业的一些关键部门，如党群部门、人力资源部门、战略发展研究部门、文化宣传机构的负责人加入，以充分调动各方面的力量和资源。在委员会之下，还必须建立一个高效精干的工作机构。这个机构的名称，可以是“企业文化中心”“企业文化部”或“企业文化办公室”等。这个机构的成员，主要由那些热心企业文化建设，并具有一定企业文化基础知识，在今后的企业文化建设中将成为骨干的人员组成，这些成员在常务副主任的领导下开展日常工作。

为了使企业文化建设科学、规范、系统地进行，可以根据实际需要让“外脑”——具有较高企业文化理论水平的专家学者，或者具有企业文化实践专业资质的管理咨询机构进入企业，以协助企业开展企业文化建设。为了使企业文化工作机构能够对企业文化建设进行全面协调，形成互动式的工作机制，企业文化建设委员会及其工作机构还应当聘请企业文化咨询顾问。

**（二）制度保证**

在企业的各项管理制度和人力资源管理中，考核、分配、奖励等一系列制度制定及实施的过程，几乎都渗透和体现着企业的主流文化，同时也作用于企业文化的建设。

1. 组织制度

有着创新文化的企业，它的组织形态追求的是精简敏捷。这样的组织结构流畅、简洁，可以快速适应市场变化。同时，在精神上比较民主，以开放、坦率和不同功能及层级之间的合作，取代僵硬的权威领导。企业的组织形态要根据企业的规模、外部环境、企业实力、企业员工和企业产品等具体情况来制定。

2. 人事制度

企业作为一个生命体，在不停地与外界交换资源，其中也包括人力资源。企业为寻求稳定，应当尽量提供一切条件来维系自己的员工，但这不等于企业承诺为员工提供终生保证。在人力政策方面，企业应当与外界维持一定的流转率。

3. 财务制度

有生命力的公司，不会将追求最大利润作为企业的最高理想，但会将其列为重要指标，力求有良好的财政收入。财务本身并不为企业创造价值，财务的功能是支持、控制和监督。如果混淆职能部门和财务之间的主次关系，将对企业产生难以估计的负面影响。

4. 学习制度

对企业来说，学习制度是其增强自身能力的手段。这既包括具体技能的培训，也包括企业文化、价值观的建立和培养，还包括员工自发的学习。有活力的企业文化要求企业将学习化为一种习惯，而不是一项负担，不但要建立文化网络，更根本的是激发员工学习的积极性和动力。在企业里，不论职位高低、背景资历，都要互相学习。

## 三、企业文化建设的考核与评估

### （一）考核的必要性

在企业文化的实施阶段，人们常常发现一些员工，甚至企业领导者的实际行动与企业倡导的价值观相背离。有些领导者口口声声说要引进民主管理的企业文化，加强员工参与，但作决策时就大搞“一言堂”。这种言行不一的做法将会严重损害企业文化领导团队的威信。

只有员工在思想和行为方面做好变革准备也是不够的，实施企业文化建设关键还要看领导者和领导团队。如果领导团队的信念模糊、言行不一，或者内部思想不统一，就不会赢得员工的信任，也不会建立起真正的新型文化。尤其是在企业文化实施还没有取得成效之前，领导者的威信和决心是员工信念的主要来源。

领导者在变革初期出现的言行不一，主要原因是行为惰性。面对复杂的现实，人们往往用习惯性思维来应对。但对企业文化建设而言，领导者则要率先改变自己的行为规范、思维模式。而习惯不是一天两天形成的，自然也不是一天两天可以改变的，对此我们一定要有心理准备，因此有必要通过硬性措施来推进，考核就是手段之一。通过一些考核措施，可以起到约束行为、规范理念的作用。这主要体现在以下几个方面。

1. 通过考核可以让员工尽快改变

观念的转变可能需要一段时间，但一些行为的改变是可以具体考核的。尤其是对各单位主要负责人的考核，可以考察他们落实企业文化建设的力度和效果，并及时发现问题、解决问题，从而起到一定的督促作用。

2. 通过考核可以明确奖惩对象

没有比较，就没有鉴别。企业文化建设也是如此，没有考核，就很难及时发现先进典型。通过考核，奖励符合企业文化要求的先进员工，会对企业文化建设产生极大的促进作用。

3. 通过考核可以表明企业变革的决心

制定考核制度本身就是向员工表明进行企业文化建设的巨大决心，考核越严厉，表明企业越重视。当然，考核目的重在鼓励，不要给员工制造恐惧感。

4. 通过考核可以塑造长期行为

企业文化具有长期性，如果没有形成制度，很难使一种新理念得到认同并长期存在。因此，考核制度作为企业文化实施的重要一步，应当被很好地应用。

### （二）考核的制度化

随着企业文化实施的不断深化，突击性工作将转变成日常工作，负责企业文化部门的工作也将从宣导、推动转变成组织与监控。企业文化实际上进入了一个制度化的阶段，这些制度主要包括考核制度，先进单位、个人的表彰制度，企业文化传播制度，企业文化建设预算制度等，因此需要我们通盘考虑。

企业文化考核制度化，需要做好如下几点。

1. 目标具体

把相关考核内容进行目标细化，比如将企业文化宣传落实到培训次数、培训评估以及需要达到什么效果等描述出来，便于执行和考核，也可以把看似务虚的工作落到实处。

2. 明确时限

考核要有时间限度，在规定时间完成规定任务，以保证企业文化建设的整体进度。有些部门由于工作繁忙，经常忽视这项看似不会给企业带来多少收益的工作，导致本部门的文化建设落在其他部门的后面。这些人为滞后的因素，可以通过硬性考核来纠正。

3. 联系实际

考核要保证部门之间的平衡，还要注意各部门和单位的实际情况，对于机构复杂、人员集中的部门要视情况安排进度和考核标准，具体问题具体分析。

4. 常抓不懈

考核工作可以由企划部或直接由负责企业文化的部门长期执行，这也是现代考核制度的一个趋势。因为企业文化是对员工的塑造，是企业长远发展的基础，不能简单地认为只要大搞宣传就高枕无忧了。

总之，通过企业文化考核的制度化，可以巩固企业文化建设的成果，使之融入企业的生命，并形成新的文化积淀。

# 第三章 国有企业资本管理

## 第一节 国有资本管理概述

### 一、国有资本管理的定义

资产包括实物和现金及现金等价物，资本仅指现金及现金等价物。国有资产管理从事的是业务经营，侧重于管理企业。国有资本管理从事的是资本运营，侧重于管股权。

国有资产是属于国家所有的一切财产和财产权利的总称。它有广义和狭义之分：广义的国有资产，即国有财产，指属于国家所有的各种财产、物资、债权和其他权益；狭义的国有资产，则指法律上确定为国家所有的，并能为国家提供未来效益的各种经济资源的总和。在国营企业和全民所有制企业的体制下，只有国有资产的存在，基本不存在国有资本的概念，国有资产直接体现为企业资产，但随着国家国有企业改革的推进，特别是企业改制为股份制后，国有资产以出资入股的方式投入企业，体现为一定份额的国有股权，这种形态的财产为企业国有资本。

从侧重点看，国有资本的管理侧重于价值形态——促进企业国有资本不断增值，而不再是管理具体的企业组织，也不从事、不干扰企业具体的生产经营活动。相反，国有资产的管理侧重于实物管理——对具体的企业组织进行直接管理（如选择经营方式、选择经营者、划分隶属关系等），以保证国有资产的有效使用。

从管理方式看，国有资本的管理，更多依赖的是经济手段（也可适当采用行政手段），通过资产重组、企业并购、债务重组、产权转让、参股控股等方法，调节各生产要素，使其配置不断优化，从而保持国有资本不断增值，其经济管理色彩较重。国有资产的管理，则更多依赖的是行政手段（也使用一些经济手段），通过法规法令、暂行条例、试行办法，规范国有资产使用单位的生产经营活动，其行政管理色彩较浓。

国有资本管理是指实行国有资本的优化配置，健全国有资本支配、调动的功能和建立国有资本的进入退出机制，规范筹资和投资行为及方式。

国有资本管理主要内容包括核定、布局、规划国有资本；参与企业制度改革，负责国有资本的设置，特别是公司制改组中国有资产折股和国有股权的设置与管理；监管国有资本的增加和减少变动事宜；制定国有资本保全和增值的原则；实施资产重组中的产权变动及其财务状况变化、企业合并分立、对外投资、转让、质押担保、国有股减持、关闭破产等国有资本的变动管理；明确筹资和投资的报批程序以及执行中的管理原则。

## 二、国有资本管理的特点

### （一）以产权关系为纽带

国家具有双重经济职能：一是社会经济管理职能，二是国有资本所有者职能。作为国有资本管理的主体，国家行使的是与社会经济管理不一样的职能。此时，国家是以资本所有者的身份出现，对国有资本使用者的管理依据是资本所有权。这种以资本所有者为基础的管理具有以下特点：①不具有超经济强制性，所有者与资本经营者的关系是平等的，所有者只能通过经济手段调控资本占有者、使用者、经营者的行为；②所有权约束必须深入企业内部，以所有权为基础的国有资本管理，必须在企业内建立起有效的所有权约束机制，必须运用公司制产权机制规范国家和企业以及经营者之间的关系。国家按投入企业的资本额享有所有者权益，包括重大决策、投资收益和经营者选择。以资本所有权为基础进行国有资本管理，是国有企业进行真正股份制改造的客观要求。在国有企业进行股份制改造的过程中，只有合理界定资本所有者、经营使用者的权益，明确各自的职责，才能既保证所有者的合法权益，又使经营者能够自主经营、自负盈亏，成为真正的市场竞争主体。

### （二）以价值形式为主

与一般性的经济管理，如企业管理不同，在国有企业股份制改造的过程中，国有资本管理不应拘泥于对资产实物形态的管理，应该注重对资产价值形态的管理，在市场经济条件下，国有资本管理应从过去的强调资产实物形态的管理，转向强调资产价值形态的管理。原因如下：①对国有企业进行股份制改造的目的是，在企业内部建立现代企业制度，而现代企业制度的内涵之一就是自主经营。因此，企业占用的国有资本，多少用于固定资产，多少用于流动资产，应由企业根据实际需要自主决定，国家作为国有资本的所有者，只能从价值形态上对国有资本实行总量控制。只有采取价值形态的管理方式，才能既保证国有资本价值的完整和增值，又能真正做到企业对资本的自主经营，以利于扩大企业自主权，增强企业活力。②在国有资本存量配置格局方面，传统的国有资本实物化管理方法，使国有资本存量流不动、盘不活，各部门、各地区、各企业之间无法进行国有资本的存量调整，只有对国有资本实行价值化管理，才能使国有资本的合理流动与战略调整成为可能，并通过资本及产权的转让与交易，实现国有资本的优化配置。

### （三）以会计统计信息为基础

国有资本管理的基础是信息，特别是全面、系统、综合的会计信息。了解和掌握国有资本信息，对国家而言，是其进行决策和开展国有资本管理活动的基本依据。因此，国有资本管理的重要任务是探索建立科学、规范的企业会计信息统计和绩效评价工作体系，充分利用并分析企业的会计信息，为财政乃至国家有效实施宏观调控提供政策依据，使国有资本管理逐步走向现代化、信息化。会计信息在国有企业股份制改造中的国有资本管理方面的应用，主要体现在以下三个方面。

1. 国有资本存量管理

国有资本存量管理的环节和内容包括财产清查、资产评估、产权界定等，而各环节都离不开会计信息，或者说会计信息在各环节都发挥着重要作用，从整个国有企业改制现状看，影响国有资本存量的各环节都存在不同程度的问题，而各种问题的出现，都不同程度地与会计信息有关。如果不真正重视会计信息，或从根本上解决会计信息质量问题，将无法搞清国有资本的存量与布局。

2. 国有资本配置管理

国有资本管理的目标，是使国有资本增值和提高国有资本的控制力。要做到这一点，合理配置国有资本是十分关键的，无论从宏观还是从微观上进行国有资本优化配置，都必须重视和利用会计信息，正确评价国有资本经营绩效，促使国有资本向效益高的地区、行业和产品流动。

3. 国有资本收益管理

国有资本收益是国有资本管理的重要内容，资本使用的目的在于创造价值，国有资本也不例外。只有资本收益不断增加，才能扩大再生产，提高综合国力。国有资本收益管理包括国有资本收益确认、国有资本收益分配和国有资本收益收缴等内容。会计信息在各项国有资本收益管理中都是不可缺少的，国有资本收益确认过程实质是会计信息处理过程。会计信息既是收益分配的基础，同时也是收益分配结果的反映，要实现国有资本收益足额及时收缴，在会计信息上应充分揭示应缴国有资本的收益。

## 三、国有资本管理的原则

国有资本管理应遵循的原则可以分为一般原则和具体原则。一般原则是建立国有资本管理体系，划分各层次管理职能应遵循的原则，即“五个分开”；具体原则是国有资本管理具体工作中应遵循的原则，即“五个强调”。

### （一）国有资本管理的一般原则

国有资本管理的一般原则具体如下。

1. 政府的社会经济管理职能和国有资本所有者职能分开

在我国拥有巨大国有资本的情况下，这种分开尤为必要。政府在经济管理方面，具有社会经济管理和国有资本所有者管理两种职能。前者是凭借政权，以国家行政管理者的身份对全社会各种经济成分的管理，包括制定和执行宏观调控政策、搞好基础设施建设等，其政策基础是全社会利益的最大化，目的是保证整个国民经济发展健康有序地进行；后者是凭借所有者身份对国有资本的管理，包括制定国有资本政策法规并监督实施、国有资本的配置和重组、选择经营者、国有资本保值增值指标确定与考核等，其政策基础是国有资本权益的最大化，目的是搞好国有经济，充分发挥主导作用。这两种职能是类型完全不同的两种管理活动。因此，在国有企业股份制改造中对国有资本进行管理，必须在政府层面明确划分这两种职能，具体措施如下：①机构分设，使履行这两种职能的政府机构分离；②预算分列，使国有资本金预算与政府公共预算分列；③投贷分开，使国有资本投资与国有银行信贷分离；④利税分流，使国有资本投资收益与国家税收分开。

2. 政府财政预算和国有资本经营预算分开

政府财政预算的基础应该是国民经济总体财政收支，国有资本经营预算是以国有资本投资与收益为基础编制的，国有资本经营预算是国家财政预算的重要组成部分。

3. 国有资本所有者的所有权与国有资本的经营权分开

国有资本管理体系应包括两个子系统：国有资本所有权专职管理系统和国有资本专职营运系统。前者是高层次的国有资本管理部门，后者是经前者授权或委托的专职经营国有资本的企业性组织。国有资本出资者所有权与企业法人财产权分开，是现代企业处理产权关系的一条原则。根据这条原则，各级政府成立的国有资本营运机构只能以出资者的身份，按其投入企业的国有资本额享有权益，即资产收益、重大决策和选择经营者等权利。国有资本营运机构投资控股的基层企业，则拥有包括国家在内的出资者投资形成的全部法人财产权，成为自主经营、自负盈亏的市场实体。也就是说，这些企业必须建立现代企业制度，进行股份制改造，并建立起科学合理的法人治理结构。

4. 政企分开

政企分开主要包含两方面内容：一方面，国有资本营运系统要将目前大量由企业承担的政府性职能和社会性职能剥离出去；另一方面，政府各有关部门应尽快将本属于企业的职能归还给企业，为企业创造一个基础条件，使企业真正成为市场竞争行为的主体。

5. 中央管理职权与地方管理职权分开

中央、省、市各级国有资本管理部门，对各自所有的国有资本管理负责，并在一定程度上享有国有资本所有者的权利。我国的国有资本属于全民所有，其所有权主体只能是全体人民。由于全体人民作为一个不可分割的整体，不可能直接行使其对国有资本的所有权，只能由全国人大（法定代表）委托给中央政府代理。要使从中央政府到地方各级政府（主要是省、市两级）的国有资本管理机构，真正对其国有资本增值负责，就必须给予其相应的职能与权利。

### （二）国有资本管理的具体原则

国有资本管理的具体原则是国有资本管理工作的指导思想，其“五个强调”具体内容如下。

1. 强调实行动态管理

20 世纪末，国有资本在所有制方面的生存环境发生了重大变化，各种经济成分与公有制多种实现形式并存，必然要求国有资本同其他各类资本相融合，因此，必须对国有资本与其他非国有资本的融合过程进行管理，特别是对国有企业股份制改造的过程进行管理。

2. 强调进行股权管理

在市场经济条件下，国有资本运行的核心是产权问题，其表现形式主要是股权方式，因此，国有资本管理主要表现为股权管理，有关股权的确认、登记、变化及其相关问题的管理成为国有资本日常管理的基础工作。

3. 强调集中管理权力

应取消一些行业管理部门，同时削弱一些行业的直接管理职能，将原有的分散于各行业部门的国有资本管理权力，集中于独立的国有资本管理部门或机构。只有这样，才能减少各部门间国有资本管理职权的交叉与摩擦，提高国有资本管理的效率与质量。

4. 强调国有资本管理工作，应适应企业组织形式和企业经营方式的变化

企业组织形式的集团化和现代企业制度的建立，以及经营方式由产品经营为主向产品经营与资本经营相结合的转变，都会对企业政策和行为产生影响，这些变化在对国有资本进行管理时必须适时地加以考虑。

5. 强调采用量化管理手段

要搞好国有企业股份制改造中的国有资本管理，国有产权管理部门就必须掌握国有资本营运机构的财务状况、经营成果以及资本营运等信息，特别是全面、系统、综合的财务信息，更要注重量化管理。一是建立一套完整的有关国有产权管理的报告体系，包括产权登记、产权转让监管、产权变动分析报告制度，国有资本统计分析报告制度，国有资本经营效益分析报告制度；二是建立国有资本保值增值考核体系，加强对国有资本营运机构以及国有企业的资本营运效益考核；三是建立国有资本预算制度。

## 四、国有资本管理设计的三个结合

### （一）公有制与市场经济的结合

所有权与产权分离之后，商品交换的前提不再是财产所有权，而是产品所有权。同理，在公有制基础上发展商品经济，同样也要求交换主体拥有产品所有权。我国坚持以公有制

为主体，生产资料公有决定了产品公有，而要发展商品交换，也需要将财产所有权与产权进行分离，使企业独立地拥有产品所有权。目前，我国的公有制经济主要包括：国有经济、集体经济和混合所有制经济中的国有成分与集体成分。有学者分析，国有经济与集体经济之间由于存在劳动力的个人所有和独立的物质利益，因此可以产生商品交换，而公有经济与非公有经济之间也可产生交换。此分析无疑是对的，但现在的难题是，国有企业与国有企业之间、集体经济与集体经济之间的商品交换何以产生？

与资本主义的财产所有权与产权分离不同，我国国有经济的所有权与产权分离不仅要缓解生产社会化与生产资料私人所有的矛盾，而且要提高国有资本的经营效率。国家虽然可以代表全民占有生产资料，但不宜直接作为生产经营者。事实上，我国从 20 世纪 70 年代末启动计划经济体制向市场经济体制转轨以来，对国有企业的改革从未间断，国有企业改革的过程就是围绕实现所有权的经济利益、不断分离所有权与产权的过程。

### （二）党的领导与现代企业制度的结合

坚持党的领导、加强党的建设，是国有企业的光荣传统，是国有企业的“根”和“魂”，是我国国有企业的独特优势。一部国有企业发展史，就是一部坚持党的领导、加强党的建设的历史。国有企业的性质和地位决定了我们必须坚持党的领导、加强党的建设。从政治上看，国有企业是我们党执政兴国的重要力量，对巩固党的执政地位、巩固我国社会主义制度具有重要的意义。国有企业为我国经济社会发展、科技进步、国防建设、民生改善作出了历史性贡献。从经济上看，国有企业特别是中央企业在关系国家安全和国民经济命脉的重要行业和关键领域居于主导地位，在国民经济发展中地位重要、作用关键。另外，许多投资大、风险大、收益薄、周期长的基础设施、公共服务、国防科技、灾害防治、脱贫攻坚、民生改善等领域的建设和项目都是国家和人民所必需的，也都是国有企业扛起来的。可以说，国有企业，特别是中央企业在我国经济的发展中发挥了“压舱石”的作用。

### （三）国有资本与社会资本的结合

在国有企业中积极推进混合所有制改革，是新一轮国有企业改革的重头戏。新一轮混合所有制改革的目的应聚焦于强化和放大国有资本、公有资本功能，积极推动公有资本和非公资本、国有资本与社会资本的合作。这是公有制与市场经济体制结合的根本命题所带来的又一重要子命题，也是我国社会主义初级阶段基本经济制度在企业层面、微观层面的具体体现。在市场经济条件下，各种资本（包括公有资本和非公资本、国有资本和社会资本）都在市场运行范围内，借助市场机制配置资本，也都被市场机制调节和配置。公有资本和非公有资本之间的竞争、合作，是社会主义市场经济的题中之义。所以，国有资本与社会资本的结合，也就成为国有企业改革和发展长期面对的命题。

在市场经济体制下，国有资本的经营和扩张，必然不断走向开放，向其他社会资本开放，向市场竞争开放，向国际竞争开放，因而新一轮的混合所有制改革，体现国有资本进一步开放的姿态，第一轮混合所有制改革突出了不同所有制主体的相互结合。而新一轮混合所有制改革则是体现国有资本和社会资本的相互结合，通过这种结合，放大国有资本的功能，同时也为社会资本进入国有经济传统领域打开大门。可见，第一轮混合所有制改革主要是国有企业内部围绕转制的改革；而新一轮混合所有制改革，则是国有资本面向企业外部，面向社会资本，谋求企业发展和资本集中、重组、扩张的改革。因而，新一轮混合所有制改革不应过于强调企业内部资产划分和配置的问题，而是要强调资本面向市场竞争、面向结构调整，实现有效的整合和扩张。

## 第二节　国有资本管理完善的要点

尽管我国国有企业的改革非常艰辛，面临一个又一个新的历史条件和新的技术问题，但国有企业资本管理的路径不断清晰，因此必须积极发展混合所有制经济，促进资本市场和产权市场公开交易。

### 一、国有资本管理现存问题

国有企业股份制改革，实质上是把其他非国有的产权主体引入国有企业，把两权分离建立在混合经济的基础上，这对于推进政企分开和产权主体多元化、明晰产权关系、提高企业的治理结构效率起到了积极的作用，但在国有资本与非国有资本的混合过程中，还存在有形的或者无形的制约因素，尚没有真正建立起产权明晰、政企分开、权责明确、管理科学的现代企业制度。其具体表现如下。

第一，不同所有权主体在“混合”的过程中存在着种种制度性障碍，直接影响了国有经济的战略性调整以及产权的明晰化。一是在竞争性相对较强的国有企业的股份制改造过程中，子公司的股权多元化进展较大，甚至有的子公司出现了非国有股东控股的情况，但母公司一般以国有独资集团公司的身份出现，同时股份制改造后的国有股权交易受到限制，导致政资不分、政企不分等传统“国有企业病”仍然存在；二是在垄断性国有企业的改革中，基本上是国有资本一统天下，对民营资本的进入设有较高的门槛，所谓的“玻璃门”“弹簧门”“天花板”正是描述了民营资本难以进入基础设施、基础产业等垄断性行业。

第二，国有资产管理与经营体制改革的滞后，制约了国有企业更快地走向市场。一是国务院国资委只拥有国有资产的部分权能，而更重要的人事任命权、资产处置权、投资决策权等还分散在国家的其他部门，政资不能真正分开，政企就无法分开；二是多个代表国家行使所有者职能的部门在分配国有资产的权利时互不相让，而在落实责任主体时相互推诿；三是地方国有企业的改革采用了国务院国资委—国有资产经营公司—股份公司等多级委托代理构架，处于代理链条中间环节的国有资产经营公司通常是由企业原主管部门改制而成的“翻牌公司”，从而可能出现在新的改革形势下“穿新鞋、走老路”的现象。

第三，所有者行为的行政化，导致企业缺乏真正的风险承担主体。企业治理结构的效率含义包含了一个重要的假设前提，那就是拥有剩余索取权的所有者是企业风险的承担者，因而，更具有通过强化监督提高企业效率的内在动机。然而，国有企业股份制改造后，大股东仍由政府扮演，政府及其代理人在经营国有资产时，未必会把追求利润最大化作为最重要的经营目标，而会考虑多元化的政府目标。当充当监督者的所有者都不把资本效率作为首要目标时，不承担风险的经营者的监督动力和企业的治理效率低下就不再是一件怪事。特别是国有企业内部组织架构科层化，不仅层级较多，而且干部比职员多，导致上下级的信息传导扭曲，各级的代理问题放大，造成内部风险控制难度加大，降低管理效率。

第四，国有独资或一股独大，导致不同治理主体相互制衡机制的失灵。现代公司为解决所有权与控制权分离下的经理人偷懒问题，分别构建了股东会与董事会、董事会与经理人、董事会与监事会、监事会与经理人之间的制衡机制，使得经理人唯有实现股东利益最大化才能实现自身利益最大化。在国有独资或一股独大的条件下，企业领导人的任免权掌握在政府手中，即使存在董事会、监事会等治理构架，也多流于形式。董事长与经理人之间没有明确的权力划分，遇到了一个强董事长，则总经理就扮演一个常务副总经理的角色；遇到一个强经理人，则董事长就扮演半个董事长的角色。在这样的治理构架下，当面临经理人偷懒行为时，政府监督机构就面临两难选择：加强监督，则可能强化行政干预；放任不管，则可能导致偷懒行为普遍化。

第五，激励与约束机制不健全导致企业经营者行为官员化。现代公司为解决代理问题，一方面，股东通过在股东大会和董事会上用“手”投票，以及在资本市场上用“脚”投票来约束经理人的行为；另一方面，通过为经理人建立包含年薪、奖金、股票期权收益等形式的最优报酬计划，激励经理人努力为股东的利益服务。如果只有激励，没有约束，经理人有可能滥用经营权；如果只有约束，没有激励，经理人可能选择不作为。在目前的国有企业中，经营者的工作业绩与个人收入以及职务升迁关联度不大，基本是干多干少一个样、干好干坏一个样。在激励机制缺乏，而某些经营环节问责制强化的情况下，有些经营者偏好于选择“谨慎”的做法，热衷于搞好各种关系，对提升盈利能力等的关注不够，这种内部关系政治化倾向必定影响企业治理结构的效率。

## 二、国有资本管理完善的要点

第一，继续推进国有企业的分类改革战略，为国有资本与非国有资本的融合减少制度性障碍。在社会主义市场经济条件下，分布在不同行业的国有企业实际上发挥着不同的作用，应根据国有企业所处行业的不同，选择不同的改革模式。对于那些提供公共产品的公益类国有企业，应保持国家所有、政府经营，在财力可支撑的限度内加大国有资本的投入，确保城市正常运转和稳定，以实现社会效益为目标。对于那些处于基础产业、基础设施以及某些特殊的高科技和军工产业的国有企业，应适当引进非国有资本，打破行政垄断。垄断行业要实行以"政企分开、政资分开、特许经营、政府监管"为主要内容的改革，以完成战略任务或专项任务为目标，更好地弥补市场失灵。对于那些适宜完全进入市场的竞争型国有企业，应从市场效率出发，努力构建一个有效的退出机制，使企业真正成为产权明晰的市场竞争主体。当前，尤其需要推进竞争型或者垄断竞争型国有企业的母公司（集团公司总部）产权多元化，同时，应向民营资本开放经过选择的"国计民生"行业，通过混合经济模式提高功能型国有企业的效率。

第二，重构与混合所有制相适应的国有资产管理与经营体制。如果国有资产监管部门继续习惯于扮演政府的角色，那么只要是"一股独大"，不管选择什么改革形式，国有企业将很难成为真正的市场主体，因此，推进国有资产监管体制的改革至关重要。一是在政资分开的基础上实现政企分开，使国务院国资委真正履行出资人的职责；二是把分散在各个政府部门的所有权职能集中到国务院国资委，形成权利、义务、责任相统一，管资产、管人与管事相结合的国有资产监管体系；三是通过试点逐步将原来的"国务院国资委—中央企业"的两层架构向"国务院国资委—国有资本运营投资公司—中央企业"三层架构过渡，这就有必要改革国有资本授权经营体制，可参考新加坡淡马锡公司模式，组建若干国有资本运营公司，支持有条件的国有企业改组为国有资本投资公司。

第三，积极探索国有资本有序退出的路径，为国有产权与非国有产权的融合创造条件。一是发挥资本经营这一杠杆作用，推动企业的兼并和重组，优化资产质量，特别是可以通过资本市场让更多的央企实现公众化、市场化、全球化，有利于国有资本和社会资本的结合，增强国有企业的活力；二是对于适宜走向市场的国有企业，逐步开放所有权的转让市场，特别是对于已上市的股份公司，积极探索国有股和法人股上市流通的办法，争取实现全流通目标；三是把企业的债务重组与企业重组结合起来，用市场经济的方法对经营陷入困境的国有企业进行重组；四是实行员工持股计划，把股权激励与股权分散化结合起来，同时，在各类投资者平等参与、竞价受让国有产权的条件下，企业管理层通过自有资金或社会融资等规范方式收购某些中小企业；五是将重组成本过高而又能够卖出一个较好价钱的中小型企业予以出售，并在改革的实践中完善防止国有资产流失的原则，如先改造后出售的原则、公开出售的原则，建立中介性资产评估机构，公正、客观地评估国有资产的价值等；六是对于那些既卖不出去，又无改造前景的亏损企业予以关闭，宣布破产；七是进一步完善证券市场，因为一个有效的证券市场不仅可以提供资本转让的场所，而且可以及时反映资产的价格，从而大大降低企业重组的成本；八是对于已经进行股份制改造的竞争型国有控股的股份公司，应引入企业控制权的退出机制，强化市场对公司经理人员的约束机制。

第四，优化混合所有制企业的治理结构，建立职业经理人制度。国有企业领导者的行政化任命，导致了国有企业领导者身份的双重化——既是官员，又是经营者，从而使得国有企业具有既依赖政府又依赖市场的两面性，影响了企业的竞争力。因此，随着混合所有制的推行，必须建立职业经理人制度，由市场来选择经理人，评估经理人的经营业绩。同时，对于人力资本只能激励，不能压榨。人的劳动与创造能力隐藏在人体之中，如果不能引入有效的激励机制，人力资本所有者就可能在固定收入下进行最小化的劳动供给。经理人是一种更稀缺的人力资本，尤其需要激励。当前可选择的是引入以年薪制、奖金、股票期权计划、退休金计划为主要内容的最优报酬计划，将经理人对个人效用最大化的追求，转化为对企业利润最大化的追求。

# 第四章　国有企业技术创新

## 第一节　激发国有企业自主创新活力

### 一、自主创新活力与技术进步

技术进步也称全要素生产率（TFP），可分解为技术水平和技术效率两方面。技术水平变动反映的是生产前沿的移动状态；技术效率变动体现为企业的组织管理水平追赶状态，包含纯技术效率变动和规模效率变动两方面。企业技术进步主要有两个来源：从企业内部，通过自身投入即自主创新获取；从企业外部，通过购买或合作方式引进先进技术获得。企业通过内部创新所产生的新知识，不仅能够增加企业知识存量，而且以科学发现、发明、技术改良和革新形式表现出来，通过规模优势、链接优势及范围优势等对企业技术进步产生溢出效应。从来源看，企业技术进步面临两条道路：传统的技术改造道路和新的技术创新道路。技术改造和技术创新是两个不同的概念，技术改造是指把科学技术成果应用于企业生产的各个领域，用先进技术改造落后技术，用先进的工艺和装备代替落后的工艺和装备，以改变企业落后的技术面貌，实现以内涵为主的扩大再生产。技术创新是指从新产品或新工艺创意的产生到市场应用的完整过程，包括从新创意产生、研究开发、商业化生产到扩散等一系列活动。两者的差别表现在四个方面。①技术进步的主体不同：技术改造的主体实际上是政府，政府把新技术推向企业，提供技术改造的资金，属于政府行为。技术创新主要是企业行为，企业是技术创新的主体，有完全的自主权，影响整个技术创新过程，承担创新过程的全部风险，同时享有技术创新成功后的收益。②技术进步过程的着眼点和目标不同。技术改造的着眼点是技术，主要目标是把新技术引入企业的生产过程中。没有过多地涉及新技术的来源以及新技术采用后的产品能否在市场上取得成功的问题。技术创新的着眼点是市场，创新者必须始终关注市场的变化。技术改造的成功，以新技术、新设备、新工艺得到应用为标志；而技术创新的成功，则是以新技术、新工艺应用后取得市场成功为标志。③动力机制不同。技术改造的动力主要来自政府计划的拉动力，政府主管部门以行政管理的方式把科研成果推向企业，企业被动地进行技术改造，造成了企业在技术进步过程中对科研部门的技术依赖以及对上级主管部门的决策依赖，内在动力不足。技术创新的动力来自市场需求的拉动力、科学技术发展的推动力以及两者综合力。在市场经济体制下企业出于自身生存和发展的需要，必须始终关注市场需求变化的信息和技术发展的信息，从中捕捉技术发展机会和市场开发机会，从事研究开发活动，发明新产品和新工艺，并力求最终获得市场的成功，实现技术进步。④管理模式不同。技术改造的管理模式是计划经济的管理模式，按计划确定技术改造项目，配置技术改造所需要的各项资源；而技术创新的管理模式是市场化的管理模式，由市场筛选技术创新项目，配置技术创新的资源。

企业自主创新是指企业独立地依靠自己的智慧和力量进行的一种拥有自主知识产权的创新，包括在此基础上实现新产品价值的过程，具体表现为原始创新、集成创新和引进技术再创新。互联网时代，国有企业需要根据市场经济条件下技术进步的客观要求，构建基于技术创新的技术进步机制，以取代基于技术改造的技术进步机制。第一，必须加快建立健全现代企业制度的进程，使企业由具有强烈创新精神的管理者及其团队实施经营管理，这是国有企业实现技术创新的制度保障。企业经营管理者必须认识到企业是技术创新的主体，实现技术创新是企业发展的内在要求和必由之路，这是企业技术进步新机制对管理者观念的要求。第二，企业经营管理者必须把制定企业的技术发展战略作为企业发展战略的重要组成部分，根据企业的发展战略，制定与其相适应的技术发展战略，包括确定战略类型和战略目标、企业的技术地位和企业的技术发展路径选择等。企业要把形成自主、可控的核心技术体系作为技术进步重要目标。企业培育自主核心技术和核心能力时，根据条件可从技术合作、技术引进等二次创新入手，以此锻炼、培养自己的技术创新能力和创新人员队伍，进而进行原创性自主创新。在研究开发力量的组织上，可以先与企业外部的研究开发机构合作进行研究，进而建立起自己独立的研究开发机构。第三，为了保证技术创新活动的顺利开展，企业要从技术创新的角度，重新调整设立企业的组织机构。有一定技术条件和经济条件的大中型企业应当建立比较完善的技术创新机构，这是企业开展技术创新活动的组织保证。企业要明确自己在实现技术创新过程中的地位和作用，使技术的发明创造适合工业化生产。第四，研究开发人员是技术创新活动的主力军，研发人员的科技水平决定着企业技术进步的能力。因此，企业特别是大中型企业，必须建立一支高水平的研究开发队伍。这支队伍的建立，要求企业领导者从人力资源的角度，重新认识科技人员在企业中的地位和作用。科技人员不仅通过参与有形产品的生产创造价值，而且要通过创新无形资产（技术或专利等）创造价值。随着科学技术的发展，科技人员创造的无形资产价值常常超过他们创造的有形资产价值。从人力资本的角度看，科技人员本身也是企业的一种重要“核心资产”，在高新技术领域更是如此。为了不断提高企业科技人力资源的价值，需要在科技人员管理中，全面引入现代人力资源管理的理论与方法，制订与企业科技发展战略相适应的科技人力资源规划，在科技人员的招聘、录用、使用、培训、考评、薪酬、奖励、晋升等方面，采用科学的管理方法，充分调动科技人员的积极性。企业的技术创新不仅涉及科技人员，而且涉及企业的所有员工，因此不断提高企业全体员工的素质，也是企业技术创新顺利实现的重要条件。第五，研究开发经费投入是技术创新活动的物质基础，企业技术进步新机制的建立，需要资金上的持续保证。目前，我国国有企业普遍存在研究开发经费投入不足的问题，其原因是多方面的。首先，要转变企业经营管理者的观念，要把技术创新的支出视为关系到企业发展战略的资本性支出，把企业拥有的核心技术看作企业最重要的无形资产，并视为企业提高市场竞争能力最重要的手段；其次，要把研究费用的投入与企业研究机构的设立以及加强技术发展战略的制定与实施研究开发项目的实际需要、研究开发人员的培训与激励、技术创新体系的建立有机结合起来，使研究开发经费用到实处；最后，要加强对研究开发经费的管理，以提高企业研究开发投入的经济效益，实现企业技术进步的机制转换。同时，政府主管部门可以通过深化科技体制改革，加快现代企业制度的建立与完善；制定促进企业技术创新的科技政策，利用财政税收等经济杠杆，促使企业成为技术创新的主体；建立技术创新风险银行和风险投资公司，帮助企业提高防范技术创新风险的能力；设立高新技术开发区和科技企业孵化器，为企业的技术创新提供良好的环境；加强对技术市场的管理，规范科技贸易行为，加快技术商品的流通；制定奖励实现重大技术创新人员的政策，调动科技人员进行技术创新的积极性等，以加快企业科技进步机制转换的进程。

企业广义的技术创新除了包括针对技术本身的创新活动之外，还应该包括两个支撑系统，即组织创新系统与市场创新系统。对企业而言，追求技术创新的价值和动力，在于它能够提高企业的投入产出水平，即以更低的成本生产出相同质量的产品，或以相同成本生产出更高质量的产品和具有市场竞争力的新产品，从而提高企业市场竞争力。技术创新的起点是市场需求，终点则是通过市场获得经济利益。组织创新就是创建适应环境变化与生产力发展的新组织，这也意味着资源组合方式的改变。其主要表现为企业功能的完善，即引入许多新的组织因素，进行内部结构的调整，形成较为完整的企业功能。这既是各种社会组织之间的横向联合，也是企业内部结构的不断优化。组织创新主要涉及组织结构的创新，目的是为企业技术创新活动提供强有力的组织保证。市场创新是通过新的市场要素的引入开辟、占领新的市场，从而更好地满足市场需求的过程，它主要着眼于开拓新领域、创造新需求。市场创新是企业创新的出发点和节点，企业的各种创新都要以满足市场需求为最终的落脚点，企业创新的效果也必须由市场来检验。

向市场推出具有创新属性的产品和服务，是市场创新的一个重要内容。产品创新实现市场创新，技术创新支撑产品创新，新的产品和服务需要新的技术支持。企业没有技术创新就没有新产品，也就没有市场创新。产品创新通过开发新产品，激发潜在的市场需求，创造新的市场需求，为企业开拓新的市场。只有这样，企业才能不断适应市场的需要，扩大原有市场，开辟新市场。同时，利用工艺、材料、设备创新，改善企业产品的性能和质量，降低产品的生产成本，从而提高企业产品的市场竞争力。企业除了着力开发新产品外，还应提高技术服务的团队建设，从而使企业销售的不再只是产品本身，还有能为客户创造更大价值的技术支援。技术创新的风险性、多学科交融性、系统性都要求有良好的组织创新的支撑，要实现创新思想与各种相关资源的组合及加工，就必须通过一定的方式将有关社会组织沟通和联合起来。因而，相对于创新的实现而言，组织创新本身就是一种特殊的社会资源。可以通过组织创新去发展和完善企业间的组织联系，实现资源整合、优势互补，从而创造新的、强大的竞争力。企业不同部门的组织设计，决定了企业内部不同部门的联系方式，从而影响企业技术创新活动的成功和绩效。消除旧组织对新技术采用的壁垒是技术创新的重要前提，同时，组织创新能为生产要素的重新组合提供条件，能提高资源的利用效率，从而使资源集中投向技术潜力大、发展比较快的领域。因此，企业应从技术研发队伍着手改革，推进科研项目摘牌制、领军人物工作室制、知识产权入股等灵活高效的组织机制，逐步将管理部门的职能由单一直线型向矩阵型推进，形成多个高效的项目管理团队。技术创新、市场创新和组织管理创新之间联系得非常紧密，只有把市场创新与技术创新和组织管理创新有机结合起来，发挥三者的协同作用，才能达到资源的最优配置、最佳利用，才能满足企业生产经营中所有环节的需要。企业自主创新行为是一个复杂的系统，系统的首要特征就是其整体性，在此系统中，单一要素或部分要素的创新离不开整体。技术创新是整个创新活动的核心，要达到技术创新预期的目标，就必须充分发挥整个系统中各个因素的作用，实现各子系统的连贯畅通与相互协调。因此，企业的经营管理人员乃至市场开发与技术人员都必须牢固树立技术创新系统观，形成创新意识与观念，以技术创新为指导思想，搞好市场创新，为技术创新搭建良好的平台，努力实现组织创新，为技术创新提供高效灵活的组织保障。

## 二、企业自主创新活力与创新意识

坚持解放思想。要科技创新，就要解放思想，开阔眼界和心胸，倡导科学的批判精神，主张独立的理性思考，敢于质疑经验、权威。要打破常规经验思维和定式思维，提高辩证思维能力，培养求知欲和好奇心，培养逆向思维、复合思维和发散思维等多种创造性思维，挖掘员工的科技创新能力。

培养全体员工的科技创新意识。一个企业科技创新意识的强弱、创新能力的高低，从根本上决定着企业的成败。一个企业是否具有科技创新意识和创新精神，首先在于企业的经营管理者是否具有科技创新意识和创新精神。企业经营管理者应是企业科技创新的倡导者和带头人，应充分发挥其领导功能和作用，重视科技创新，并在企业内部形成尊重知识、尊重人才、重视科技创新的环境，营造一种鼓励创新、鼓励探索、宽容失败的氛围。要培养全体员工的科技创新意识，在全体员工中养成崇尚创新、支持创新、积极参加创新的意识，树立崇尚真理、尊重客观规律、实事求是的科学精神，培养一支锐意进取、追求卓越、敢于冒险、勇于创新的人才队伍。

制定科技创新的激励机制。要提高人的科技创新意识、提高企业的自主创新能力，企业需要建立一套创新激励机制，以激发全体员工的创新热情。首先，要不断打破僵化思维，培养科技创新变革意识，营造出敢于突破以往的成功经验或工作习惯的氛围，从上到下传递一种只要有助于实现组织目标就鼓励大胆尝试的信息，形成宽容失败、支持冒险、鼓励科技创新的风气，并使之成为企业文化。其次，要建立一套奖励机制。企业对科技创新的行为和成果应给予支持和称赞，不仅要对有科技创新成果的创新者给予荣誉和物质的奖励，以奖励其对企业的贡献，而且要对科技创新的失败者给予鼓励，激励其科技创新行为。企业有"千金买骨"的精神，自然会吸引和留住人才。最后是建立多要素的分配制度，让科技创新人才以技术专利、科技成果等要素参与分配，形成企业和个人利益一致的互相驱动机制，以达到双赢的目的。

## 三、企业自主创新活力与"容错"机制

首先，推动企业自主创新务必营造宽容失败的文化氛围。面对企业转型创新发展的紧迫性和艰巨性，管理者肩负着巨大的压力，"摸着石头过河""敢于啃硬骨头"是常态要求。与此同时，失败与犯错影响着企业特别是国有企业经营管理者的创新欲望。有些企业领导，在工作中抱有"不求有功、但求无过""少干事就少犯错"等消极观念，主要表现在"四不"上，即不学习、不思考、不改革、不创新，或在思想上抱残守缺，或占着重要领导岗位不作为。不宽容失败，就会导致缩手缩脚，不敢创新。一个企业，如果没有容错的文化氛围，则会缺少主动创新，企业发展将失去原动力。一个社会，如果没有容错的文化氛围，创新的热情则会日趋低落，社会发展的目标就难以实现。

其次，推行"容错"机制应明确其实质内涵和适用范围。"容错"机制是推动企业转型创新发展的重大举措，但绝不能简单夸大宽容失败的内容与范围。在具体实施中要注意以下三个方面。其一，宽容失败不是听任失败。"容错"机制，适用的是那些"科学决策、从个人和部门利益出发的改革创新"，对因为独断专行、违背程序而胡乱作为导致的决策失败是决不容忍的。宽容失败不是允许腐败，更不是新的"护官符"。其二，"容错"必须与"违规"相区别。事实上，"容错"同"违规"，是有本质区别的。设立"容错"机制，是为了鼓励企业管理者大胆创新和探索，免除他们的后顾之忧。虽然可能效果不好，甚至会造成损失，但只要程序符合规定，未谋私利，就可以减轻或免除相关人员的责任。可见，设立"容错"机制，是从制度上保护企业管理者创新和科研人员自主创新的一种体现。而所谓"违规"，是指一些管理者明知道国家制定了相关的法律和制度规定，却故意

违反，甚至是打着创新的旗号，不断满足自己的权欲与私欲。因此，只有为创新犯错才需要勇气，才应该给予宽容，否则应坚决杜绝。其三，“容错”必须与“科学评价”相结合。对国有企业改革创新失败进行责任豁免是一种必需，但是，这种“容错”应建立在科学评价的基础上，不能把“容错”当成逃避责任担当的由头，不能把“容错”变成“万金油”，否则，不但不能发挥容错机制的作用，而且还会引发民意不满、政府监管威信丧失。由此可见，“容错”机制不能由政府主管部门或出资机构单方面说了算，要引入第三方评价。要评价企业创新转型发展的真实情况，评价企业员工或社会民意的认可程度，评价企业改革发展失败的价值。只有这样，才能真正体现对创新、改革成功者不吝鲜花和掌声，乃至重奖；对创新、改革的失利者通过科学评价给予宽容或免责。

## 第二节　提高国有转制科研院所的共性技术创新能力

产业共性技术是基础学科和产品设计开发之间的桥梁纽带，是支持自主创新和产品国际竞争力的着力点，有利于提升我国可持续创新能力与核心竞争力，构建产业共性技术研究与服务的国家创新技术体系。以全球视野谋划和推动创新，已成为科技体制改革与创新的重要内容，创新驱动产业升级，发展产业共性技术迫在眉睫。产业共性技术的研发和服务，一直是国有转制科研院所的强项，其主要表现在以下几个方面：一是对行业技术发展的引领；二是基础技术和关键技术的提供；三是行业技术标准的制定与维护；四是技术型衍生企业的培育。这些产业共性技术工作在转制前由政府提供公共经费投入，转制后由科研院所依靠自身能力维持，因此，建立产业共性技术创新体系对于转制研究院所而言，是难得的机会。

国有科研院所集中了高端人才、先进设备和深厚的技术积淀等丰富的科技资源，取得了大量的科技成果。为促进科技成果的产业化，经过多年的探索，科研院所已形成了对外转让知识产权、提供技术服务、创办公司等多种推动科技成果产业化的方式。科研院所通常采取院所绝对控股、技术人员参股，或院所绝对控股、外部法人参股的股权结构组建公司，这对调动科研人员积极性，实现科研成果向产品、商品的转化，发挥了重要作用，取得了显著成效。该类公司具有人员素质高、技术实力强等优点，同时由于其脱胎于科研院所，在管理机制、转型动力、公司治理和人才配备等诸多方面与真正市场运作的公司尚存较大差距，要做强做优做大，还需完成市场化转型。改进产业共性技术创新体系的对策如下。

### 一、政府层面

推动产业共性技术创新体系建设，发挥政府主导作用。政府应当从总体上对产业共性技术的生产、扩散和应用进行规划和主导，引导产业共性技术创新发展全过程。从战略层面，组建产业共性技术战略规划平台。其主要职责如下：一是进行产业共性技术研究的需求分析与预测；二是制定产业共性技术中长期的发展规划；三是确定较短时期内产业共性技术的发展方向；四是为产业共性技术研究提供各种服务保障。从核心层面，组建新型的产业共性技术创新服务平台。充分挖掘和发挥转制研究院所的公共服务职能与作用，结合产业技术提升和转型的需要，整合分散于各行业中的具有共性和关键技术研发能力的科研院所，组建具有较强产业共性技术研究与服务能力的新型研究院所，提升产业共性技术创新体系能力。从合作层面，联合打造产业共性技术创新服务平台。以研发创新前瞻科技，育成知识密集型企业，促成知识化服务业为重点，实行开放式资源整合，促进中央研究院所、中国科学院、央企研究机构、地方科研院所、高校研究院所的有机联合。从操作层面，建立产业共性技术发展基金会。根据产业共性技术战略规划平台的产业共性技术发展规划意见，建立产业共性技术发展计划，设立产业共性技术发展基金，负责组织和实施中、长期产业共性技术研究计划，并对其进行基金制管理。

## 二、科研院所层面

新一轮的创新体系建设，要使转制科研院所成为创新主体，应当将其明确定位为企业化运营的非营利科研机构，明确其职责为承担基础性、公益性、战略性的产业共性技术研究与服务对于获得政府支持的项目，不得从事产业化的生产经营，以剥离其产品生产服务功能。主营业务收入应是科技服务收入，应成为行业"头脑"公司、"智囊"公司，积极拓展技术服务、系统方案解决、人才培养、技术培训等领域的业务，成为大企业技术联盟的核心成员，中小企业的优秀服务商。具体体现在以下两个方面。

一是挖掘行业创新技术优势资源，做行业技术进步的领跑者。整合一批优势院所，发挥引领作用。部分转制研究院所在全国行业中具有巨大的影响力和号召力，在引领产业发展中具有重要的话语权，这批转制院所可以在政府规划、决策咨询过程中作为重要的智囊。在构建整个科技创新体系建设中，应当充分发挥现有应用开发类科研院所的优势，改变目标分散、管理分割、各自为政的局面，形成有效的组织协调机制，进一步明确其创新主体地位，细化其功能定位，指导它们以适当的体制、机制开展研究和服务工作；在资金、政策和管理上加强对从事产业共性技术研究的支持、指导和监督，用好和盘活现有的知识和技术存量，做好整体布局，使转制研究院所成为构建区域乃至国家创新体系的重要组成部分。扶持一批"研究中心"，实现放大效应。很多转制科研院所都具有"国家工程研究院中心""国家重点实验室"的资源平台，并承担了相当部分的国家和地方科研攻关任务，重点开展了一些基础性通用技术、与国家安全相关的专用技术及部分前沿技术的研究。国家应当加大投入，明确目标任务，有力推进国家级工程研究中心、重点实验室的建设，发挥其在国家及区域科技创新中的作用，并始终站在科研的前列，代表国家和世界的一流水平，以满足国家的科技需求；要改变科研"孤岛"的局面，形成科技成果转化和共性技术分享的利益机制，在行业内推广先进技术，使其成为行业技术进步的推手。

二是搭建公共服务平台，做行业技术进步的推动者。充分发挥行业协会、学会的服务研讨功能。转制科研院所由于具有行业技术归口单位的历史，挂靠着行业协会、学会等组织机构，有自己发行的行业期刊。科研院所要充分发挥其在行业协会、学会中的地位，对接国际科研学术前沿，搭建高端技术学习研讨、交流的平台，运用大数据分析行业动态，对行业提出战略性、前瞻性的报告，成为创新驱动的理论制高点和技术发展先导。转制科研院所一直以来都具有较强的检验检测技术能力，充分发挥检验检测和标准制定的功能，为行业提供高质量的检测检验服务，也是产业共性技术服务的重要内容。同时，科研院所可代表行业组织修（制）定国家、行业标准，并在国际标准化组织中行使发言权。为此，在新一轮科创中心的建设中，积极提高国际互认的检验检测能力，建立国际高端领先的检验检测机构，并在行业标准的创制中发挥作用，将有利于提高我国制造的核心竞争力和行业的话语权。整合各方优势，打造国家级或区域性的创新中心（平台）或协同创新联盟。转制科研院所通过自身的科技创新、行业信息获取和国际的交流合作，能更早、更快地取得国际最新应用技术成果，而行业企业往往偏重产品的个性化研发，对产业共性科技创新并不十分敏感，特别是跨行业的技术融合，缺乏相应的技术储备和手段，而高等院校在理论研究和最新技术研发上占优势，在工程应用和系统解决方案上缺少经验。因此，在搭建对国家政治经济利益和安全是具有重大作用的，面向行业一体化大发展服务的公共平台方面，转制科研院所具有独特的优势。建议组建国家级或区域性的创新中心（平台），以转制科研院所、国家工程研究中心、国家重点实验室、国家级检验中心、行业组织、行业标委会等为基础，整合行业技术资源，形成开放和共享的资源利用平台，为产业发展提供高质量的创新服务。在实体层面建立专业化科技服务园区；在虚拟层面，通过网络搭建由工程示范应用单位、上下游设备供应商、行业相关组织、国内外高校、企业研发机构组成的虚拟平台，以拓展服务内容。

## 三、国有科研院所及公司层面

为了加快实现市场化转型，实施分类管理、增强服务意识，主管单位应鼓励院所在针对科技成果产业化创办的公司中增加核心团队的持股比例，将院所、员工利益同成果转化的效果捆绑在一起，并为公司的市场化发展提供良好的环境支持。对公司与院所实施分类管理，按照两者不同的功能定位制定差异化的管理要求。结合公司发展的规律，立足长远，对不同发展阶段的公司进行分层管理，在条件允许的情况下适度下放审批的权限、减少审批的内容。

### （一）加大改革重组力度，提高转制科研院所核心竞争力和资源整合能力

一是推动转制科研院所加快公司股份制改革。实施开放性市场化联合重组，集聚和优化整合科研资产与资源。规范有序推进转制科研院所引入战略投资者和紧缺资源，有效利用混合所有制改革，积极推进整体上市或核心资产上市，形成有利于进一步激发活力、增强竞争力的体制机制。

二是鼓励转制科研院所以项目成果入股等方式加强与产业集团合作，加快推动科技成果转化。鼓励转制科研院所与高等院校、产业集团建立技术联盟，组织科技专项、技术标准和产业化协同攻关，积极参与国家重点实验室建设，主动承担国家任务。

三是支持转制科研院所以市场化、专业化为导向，加快内部体制机制改革，加快剥离非主业资产和低效资产，盘活存量土地和资源，加大科研投入，增强科研实力。完善相关制度、优化考核指标。通过各项制度的完善和考核机制的合理化，保护和提高决策层实施公司市场化运作的积极性。明确科研院所领导决策免责机制。在履行勤勉尽责义务、没有牟取非法利益的前提下，免除其在科技成果定价中因科技成果转化后续价值变化产生的决策责任。以科技成果对外投资实施转化发生的投资亏损，不纳入国有资产对外投资保值增值考核范围。明确科技成果、实物资产的定价机制和入股的操作流程，细化商事登记制度。

**（二）加大科技创新人员激励力度，以价值创造为导向，优化科技创新人才管理，激发科技创新人员活力**

一是在对科技人才激励方面，转制科研院所可以积极实施股权和分红激励办法，推进“激励基金 + 个人购股”的股权激励。允许科研人员以实际激励金额全额购买企业股权，或自筹资金配比购买企业股权。优先支持符合条件的，人才资本和技术要素贡献占比较高的转制科研院所开展员工持股试点。鼓励和支持转制科研院所科技创新人员按照国家规定，以专利技术等知识产权出资入股。

二是在科技创新人才管理方面，转制科研院所应进一步完善对科技创新人才的培养、流动、引进管理体系制度，建立与行政职务并行的技术序列晋升通道和薪酬体系，对高层次科技人才探索实施年薪工资、协议工资和项目工资等。鼓励转制科研院所引进海外高层次创新人才，允许符合条件的外籍人士担任转制科研院所技术创新项目的负责人。结合跨国并购，建立海外技术研发基地，充分发挥境外创新人才和技术团队的作用。

三是在利益分享方面，建立健全科技成果、知识产权归属和利益分享机制，鼓励国有企业可与职务发明人（团队）事先协商，确定科技成果收益分配的方式和数额、比例，适度提高骨干团队和主要发明人的收益比例。转制科研院所可根据科技成果对净利润的贡献程度，在税后利润中提取一定比例，奖励职务发明完成人、科技成果转化重要贡献人和团队，并在当年工资总额结算时单列。

## 第三节　改善国有企业技术创新转化与知识产权保护

### 一、国有企业技术创新转化机制

在国有企业技术创新上，各地各层面都在推动各类创新资源向国有企业集聚，使国有企业真正成为技术创新决策的主体、研发投入的主体、研发活动的主体、成果转化和产业化的主体、获取创新效益和承担创新风险的主体。

美国在《拜杜法案》制定之前，由政府资助的科研项目产生的专利权一直由政府拥有。复杂的审批程序导致政府资助项目的专利技术很少向私人部门转移。《拜杜法案》使私人部门享有联邦资助科研成果的专利权成为可能，从而产生了促进科研成果转化的强大动力。该法案的成功之处在于：通过合理的制度安排，为政府、科研机构、产业界三方合作，共同致力于政府资助研发成果的商业运用提供了有效的制度激励，由此加快了技术创新成果产业化的步伐，使得美国在全球竞争中能够继续维持其技术优势，促进了经济繁荣。《拜杜法案》的内容及宗旨：透过产学研的合作，以专利权产生的诱因或积极性，激励科研的发展及其国际竞争力，用科技推动经济复苏；为避免研发机构的人才流失和专利权的浪费，以产学研合作实现产业升级，将专利权下放给从事研发的院所和学研机构；激活创新活力驱动市场机制，专利商品化促进中小企业的发展，增加就业。概括起来，其立法宗旨涉及三个方面：一是专利权的归属；二是专利权由何人管理；三是成果收益如何分享。这是三个基本的利益分配问题。

在企业技术创新过程中，不断伴随着的技术发明以及由此形成的技术诀窍、专有技术和专利技术是企业独特的无形资产知识产权，是企业核心能力的重要组成部分，也是有效进行企业技术创新转化的保障。要培育企业技术创新主体，就必须加大知识产权保护力度，维护企业技术创新成果利益。否则，企业在人才流动的过程中，出现大量的技术诀窍、专有技术会随着人员的流出而轻易地流失；企业耗费了大量的人力、财力、物力取得的技术创新成果，竞争对手只需用很低的成本就可获得。因此，企业首先要增强知识产权保护意识和法治观念，制定、实施知识产权战略，将知识产权保护贯穿于技术创新的全过程；其次要勇于运用法律武器，将违反知识产权的行为诉诸法律，对此类行为形成震慑的力量；最后要在项目中安排一定比例的经费，用于知识产权形成和保护的相关费用，把专利的申请量、拥有量和实施效益作为评价企业技术创新和经营管理水平的重要指标。对项目的可行性研究、技术研发、产品研发、商品化的全过程实施监控，实行有效的创新源知识管理、研发管理和营销管理，确保项目成功运作，确保科技和企业发展战略的实现。

建设科技创新成果转化和项目交易等功能性平台，是政府引导技术创新、有效进行知识产权保护，鼓励企业技术创新的有力举措。坚持需求导向和产业化方向，着力推动科技应用创新成果产业化，培育开放、统一、公平、竞争的市场环境，建立健全科技创新和产业化发展的服务体系和支持创新的功能型平台。完善科技成果转移转化机制，下放高校和科研院所科技成果的使用权、处置权、收益权，对于高校和科研院所由财政资金支持，不涉及国防、国家安全、国家利益、重大社会公共利益的科技成果，主管部门和财政部门不再审批或备案，由高校和科研院所自主实施转移转化，成果转移转化收益全部留归高校和科研院所。促进技术类无形资产交易，建立市场化的国有技术类无形资产可协议转让制度，试点实施支持个人将科技成果、知识产权等无形资产入股和转让的政策。探索知识产权资本化交易，争取国家将专利质押登记权下放，探索建立专业化、市场化、国际化的知识产权交易机构，逐步开展知识产权证券化交易试点。支持各类研发创新机构发展，支持外资研发机构参与研发公共服务平台建设，营造有利于各类创新要素跨境流动的便利化环境。积极支持本土企业以境外投资并购等方式获取关键技术，探索率先在共建“一带一路”国家，以共建合作园、互设分基地、成立联合创投基金等多种方式，深化国际创新交流合作，打造具有国际影响力的科技创新成果展示、发布、交易、研讨一体化的合作平台。建设若干重大创新功能型平台，建设一批科技成果转化服务平台。

## 二、国有企业技术创新创业投资

企业技术创新是一项高投入事业，为创业投资带来了新机遇，提出了更高的要求。目前，国有创业投资企业被纳入经营性国有资产管理范畴，由于限得太多、管得太死，使得国有创业投资企业难以放开手脚，效率和活力不足，难以充分发挥国有创业投资资本的引领和推动创新作用。因此，应该借鉴国际上比较成熟的创新创业投资模式和经验，结合实际积极探索符合国有企业创新创业投资特色的现实路径。

### （一）各国创业投资发展模式

发达国家在产业转型促进创新的过程中，很早就有政府资金介入创业投资行业，引导和推动科技创新的做法。按功能定位和制度安排的不同，世界各国创业风险投资可分为三类模式：证券市场中心型、银行中心型和政府中心型。

分析各国创业投资发展的模式可以发现：其一，各国政府资金直接参与创业投资主要基于两个原因，一是由公众部门进行直接股权投资可以推动创新，促进经济增长和创造就业机会；二是政府创业投资计划有助于填补投资空白，弥补市场缺陷，为中小企业的创新活动提供资金保障。其二，各国发展创业投资没有统一的路径和模式，但政府出资具有共同规律，即主要出资方式是参股和提供融资担保；支持对象是商业运作的创业投资企业；一般参股不控股，不干涉企业的具体经营；为有效引导民间资金参与，收益分配上偏重民间资本。

### （二）国有创业投资机构管理模式

我国政府不仅掌控着大量资源，而且控制着市场准入标准，因此，创业投资市场定位于政府中心型，主要有以下三种管理模式。

第一是封闭式：自我管理型。创业投资企业不与外部创业投资资本或创业投资管理公司合作，仅运作公司资金直接投资，由所设投资部负责管理的模式，该模式是国有创业投资企业最为传统的模式。

第二是开放式：委托管理型。创业投资企业主要将创业投资本金以切块方式资助社会资本，建立多个子基金，委托专业创业投资管理公司负责管理运作的模式。

第三是开放式：专业化管理型。创业投资企业广泛地与外部创业投资资本建立系列合作基金，通过自设（包括合作设立）的系列创业投资管理公司，进行投资管理或由国有创业投资企业开展直接投资的模式。

对比我国国有创业投资企业的不同管理模式，可以发现：市场化、专业化程度越高的国有创业投资企业发展得越好。在制度安排上尽量与市场化通行做法接轨，拓宽创业投资融资渠道，从制度层面发挥国有创业投资资本的引领作用，是当前需要考虑的问题。

### （三）对创新创投企业国有资本管理的政策思考

为发挥国有资本在创业风险投资领域的引领作用，吸引更多的社会资本配置到创新领域，需要改进完善以下方面。一是创新创业投资企业评估管理审批程序。推动评估机构探索创业投资行业特点的估值方法；允许对符合特定前提条件的国有创业投资企业需要评估的经济行为创新评估方式，可以采取估值的方式，并实行事后备案；已投资项目发生非同比例增资而国有创业投资企业未进行增减资时，在履行内部备案程序的前提下，可聘请评估机构评估（或估值），也可由创业投资企业对其投资企业进行内部估值。二是建立适合创业投资行业特点的财务会计核算和风控制度。调整适用的企业会计准则类型，按要求对创业投资企业及项目进行会计核算；调整合并报表范围，将为创业投资企业投资活动提供相关服务的子公司纳入合并范围，并编制合并财务报表；完善创业投资企业的财务风险预警系统，体现适度的容错精神。三是扩大约定退出的适用范围，优化产权市场交易流程，降低进场交易成本。四是优化国有创业投资企业的业绩考核和激励约束机制。制定更适合创业投资行业特点的考核指标体系和薪酬标准；对于国有创业投资企业引入的职业经理人按照市场化的方式确定薪酬水平；对于符合实施跟投条件的国有创业投资企业，经企业集团批准和履行国资监管职责的机构备案，可以进行跟投试点；对竞争类企业集团进入创业投资领域的国有资本，设定合理的最低预期回报率要求，在基金到期后按整个基金存续期统一结算考核，并与管理层的薪酬考核挂钩。五是探索国有创业投资企业创新混合所有制模式。鼓励国有企业委托由职业经理人组建的基金管理公司受托管理基金；鼓励国有资本通过参股创业投资基金的方式，进入政府重点发展的高新技术等关键领域或早中期创业企业，共同推动中小企业创新发展；鼓励国有产业集团与行业龙头基金管理公司、大型金融机构等社会、民间资本合作设立创业投资企业。六是创新监管制度，建立事中事后监管工作机制。国有创业投资企业应在公司章程或合伙协议中体现国资监管的一般要求和规定；国有创业投资企业应完善内部管理制度，建立包括决策文件、估值报告、股权交易情况等专项档案，并加强档案管理；国有创业投资企业应接受市国务院国资委对于评估、跟投、约定退出等机制创新配套工作的检查和后评价。七是推动国有创业投资企业市场化运作。对国有创业投资企业要建立适应行业规律的国资监管制度。在股权退出方式上允许多种方式。在投资时即约定退出条件的，允许按照约定的条件退出，不再进行资产评估和进场公开挂牌交易。对建立跟投机制的创业投资项目，在国资监管方式上可以进一步优化。建立经集团董事会认可的跟投机制的创业投资企业，在涉及资产评估等国资监管要求时，估值报告可代替评估报告等。

## 三、国有企业技术创新知识产权保护

近年来，随着我国知识产权制度的健全和知识产权事业的发展，专利权、商标权、著作权、商业秘密等作为知识产权的重要组成部分，逐渐活跃在市场经济活动中。在专利方面，企业专利申请量逐年增长；在商标方面，许多企业纷纷意识到企业商标与企业兴衰成败息息相关，通过商标树立企业形象，促进企业的长足发展。

一是企业对知识产权保护的认识不够，知识产权保护意识不强。在商标保护方面，一些企业不重视商标权的获得，商标注册意识淡薄，致使商标被他人抢注；企业不及时续展、变更注册，导致商标权流失；企业商标保护意识不强，商标侵权造成企业商标权的流失；企业在合资、合作中商标权流失严重。此外，在专利保护方面，企业专利意识不强，大多数发明创造没有申请专利，而在获得授权的专利中，企业职务发明专利比例过低。企业知识产权的维权意识和能力不强，另外，缺乏必要的奖励机制、规章制度，使得获得的专利权被搁置。在实际的操作过程中，时常发生自主知识产权被侵犯或侵犯了他方知识产权的情况，造成了一些不必要的法律后果。侵犯他方知识产权的收益和自主知识产权的被侵犯，削弱了自主创新的热情和动力。

二是企业缺乏创新和其自主知识产权核心技术非常薄弱。长期以来，我国国有企业的研究开发能力、创新水平相对较低，市场竞争的意识比较淡薄。从企业自身状况分析，对申请专利不够重视，不去开发自主知识产权的核心技术，单纯依靠国内劳动力成本低廉和低价竞销的经营、竞争方式才是主要原因。大多数企业承担的科技计划项目不多，原始性创新较少，企业内的科技人员几乎很难发表学术水平较高的科技论文；在承担的科技计划项目和实施本企业的技术开发以及新产品的研制过程中，往往只注意主要竞争对手的产品情况，很少通过科技文献和专利检索了解整个领域的发展态势。

三是科技创新平台建设严重滞后，不能满足创新需求。一些行业整体缺乏自主知识产权，行业的仿制率很高。由于企业没有自己的专利和名牌产品，在经营过程中又不尊重他人的知识产权，因此引起了大量的知识产权纠纷案件。

随着新一轮科技革命和产业变革的到来，技术创新领域的前瞻、原创、核心技术日益凸显，5G、人工智能、大数据、云计算、软件生态系统、生物医药等，硬件芯片、设备、大型先进科学装置、新型材料不断涌现，知识产权话语权争夺日趋激烈。为此，需要包括国有企业在内的企业努力做好以下四点。

其一，企业要增强依靠知识产权参与竞争的意识和能力。以形成自主知识产权及核心竞争力为目标，开展先进技术引进消化吸收再创新，有效规避他方知识产权壁垒，提高企业自主创新和可持续发展的能力。企业要建立健全知识产权管理机构与制度。根据知识产权法律、法规，制定符合本企业发展战略和实际情况的知识产权管理制度。制度的内容应包括知识产权的类别、权属确定与分享、管理体系与办法、保护方式方法与措施、违规责任等。依法规范、管理与保护科技创新成果，把知识产权管理纳入企业管理的总体框架，做到知识产权研发关注布局策划、申请关注质量审查、授权关注保护范围、管理关注资产整合、采购关注侵权／担保、营销关注风险控制。

其二，企业要善打专利牌，做好企业专利的开发、国内外申请和管理工作。知识产权中的发明专利权对于高新技术企业尤为重要，管理者“玩”专利牌的意识和策略必须超前，对于企业已开发出来的自主创新原创核心技术，一定要及时申请和获取本国专利和国际专利。企业和企业管理者要走进高校和科研院所，寻求合作和发展。抓住契机，查找科研成果，找到发展的新引擎，找到发展方式的新动力，找到优化市场资源的新手段，充分释放高校和科研院所在知识产权源头输出的潜能，为企业提供新的技术创新源头供给能力。

其三，企业要建立对发明人的激励机制。尽管我国专利法规定职务发明人享有专利收入的分配权利，然而实践中因缺乏具体的操作办法，职务发明人往往享受不到应得的各种激励。因此，国家层面应继续完善相关法律法规和政策，允许企业优先选择实施员工非职务发明专利，规范公共机构职务发明人的补偿和奖励制度，制定专门的补充性法规，细化国有企业和政府资助的研究机构职务发明人的补偿和收入分配办法，落实对职务发明人的激励机制。企业要结合自身技术创新特点，细化对成果发明人和重要贡献者的贡献激励导向，将企业技术创新的重心调整到促进知识产权的价值实现环节，缩短“抽屉”到“生产线”的距离。

其四，政府要为企业知识产权保护提供强有力的保障。知识产权的保护、应用和管理是国家的重大战略，企业是创新的主体，也是知识产权保护的主体。政府要高度重视知识产权保护，在推进企业创新发展时，建立知识产权应用和管理平台，为企业知识产权的保护申请提供便利。同时，引导企业增强知识产权意识，在企业遭遇知识产权侵权行为时，及时给予法律援助，支持帮助企业维权。另外，政府应建立知识产权的交易平台，依靠创新成果应用大数据平台，促进科技成果转化，这既使知识产权得到推广应用，又使拥有者得到应有的报酬，减少侵权行为的发生。

# 第五章　国有企业全球化发展创新

## 第一节　国有企业全球化发展历程

### 一、经济全球化对企业的影响

国际货币基金组织对全球化所下的定义是："跨国商品与服务贸易及国际资本流动规模和形式的增加，以及技术的广泛迅速传播使世界各国经济的相互依赖性增强。"对于任何一个企业来说，经济全球化都是无法逆转的大趋势，如何适应并尽快融入全球化的大潮是企业的现实选择。企业全球化发展可划分为四个阶段，包括市场全球化阶段、生产全球化阶段、研究开发全球化阶段和全球网络化阶段。事实上，这四个阶段之间并不是截然分开的，如研究开发的全球化与生产的全球化密切相关，并受其影响。

美国著名的管理学家彼得·德鲁克（Peter F.Drucker）指出，一个企业无论大小，要想在任何一个发达国家中维持领导地位，就需要在全世界的发达国家市场中取得并维系领导地位于不坠之地。即要想在全球每个发达国家中研究、设计、开发及制造，且在任何发达国家间自由地进出口货品，企业必须跨国化。经济全球化给企业的经营与发展带来影响，实际上是通过影响企业的经营要素来实现的。经济全球化导致了货币资本与金融体系、自然资源、人力资源、科技、市场、信息、企业间并购、品牌、贸易以及企业业务流程的全球化，企业必须在全球范围内进行各种经营要素的配置，必须适应更加复杂的外部环境，必须建立更加复杂的经营管理体系。因此，从表现形式上来看，全球化对企业发展的最根本影响如下：就企业外部来说，企业要面对更多的竞争对手和更加困难的经营环境，也就是竞争的全球化；就企业内部来说，企业的管理范畴在内容、空间、手段上进一步扩大，也就是管理范畴的全球化。

国有企业全球化发展进程离不开我国经济的日益全球化。企业国际化是指企业积极参与国际分工，由国内经营转向全球经营的发展过程。一般而言，当企业经营活动与国际经济发生某种联系时，企业国际化的进程就开始了。这种联系可以是生产要素方面的，如资金、技术、人力资本等，也可以是商品和服务的交换；还可以包括各种形式的海外生产经营活动。企业国际化适应了经济全球化的潮流，是各国企业的发展方向和必然选择。从世界各国企业的国际化发展历程看，基本分为五个阶段：第一阶段，出口产品；第二阶段，在海外建立销售网；第三阶段，在海外建设生产基地；第四阶段，向海外转移经营资源；第五阶段，实施世界范围内的最佳经营战略。企业国际化水平的衡量指标，通常用跨国公司指数来表示。改革开放之前，我国有一些带有政策背景的外贸公司，当时这些公司涉外业务的主要价值是换取外汇。改革开放之后，企业获得了贸易自主权，把一些标有自己品牌的产品卖到国外去，这是国际化的初始阶段。纵观世界各国企业国际化的发展历程，国际化是企业发展到一定阶段自然而然的结果，绝不是为了赶时髦或作秀，国际化需要企业具备出色的全球运营能力和领先的企业发展战略，并具备整合多方资源的实力，因此，并不是所有企业都能国际化。

国际化发展是做强国有企业的重要途径。从开拓国际市场的必要性看，开拓国际市场首先是响应国家“走出去”战略的重要举措。其次是随着多年来对外贸易的发展，我国在制造业中逐渐享有高声誉，在智力成果、服务领域也有了很大的发展，我国需要在保持制造业优势的同时，向产业链前端高增值环节迈进。可以说，开拓国际市场不仅是一项经济任务，对国有企业而言，某种意义上还是一项政治任务，可以提升我国在国际经济分工，尤其是产业分工中的地位。最后对多数企业本身来讲，发展国际市场短期内是投入为主，产出率较低，而长期来看，随着对国际市场的熟悉程度以及品牌知名度的提高，国际市场的业绩表现也能反作用于国内市场，提高企业在国内市场的影响力。因而，企业要有战略目光，要有预见性地制订目标市场开发计划，在国际市场竞争中走出去、走上去、走进去，到更为广阔的市场中实现更大的发展。海外不仅是市场，更是眼界、能力、人才等全面培养和发展的重要平台和基础。企业仅仅以国内市场为生存发展空间的时代已然过去，积极应对国际化竞争、拓展企业国际市场范围，促进企业改善经营模式，提高生产效率和效益，是全球化经济环境下企业的必然选择。

开拓国际市场的可行性。对于竞争型大型企业而言，已经具备了“走出去”的重要内在条件，更是具备了“四大基础”和“五大优势”。四大基础分别如下：①政策基础。享有国家相关政策支持的优势。一方面，可以优先获得国家对外援助、优贷以及资源换项目的机会；另一方面，得益于我国对外长期奉行的友好外交原则，在发展中国家更容易得到当地市场的接纳。②具有广泛的业务来源和客户基础。大量的政府援建、海外扶持项目持续进行，国内的投资商、承包商积极地“走出去”，与海外的合作伙伴广泛互动；另外，由于我国长期向一些发展中国家和第三世界国家提供经济援助，有机会参与不少援外项目或优贷项目。在国内、国外两个市场上，拥有广泛的业务来源和客户基础。③人力资源基础。众多项目的实践，培养了一批优秀的设计、建造（制造）、市场经营、服务等专业人才和管理者，人才队伍不断扩大，能力不断提升。④良好的财务基础。充足的业务来源和项目执行力，加上业务的多元化发展，充分保证了财务状况的健康发展。五大优势分别如下：

①技术优势。在国内大规模的建设中，众多的大型、超大型复杂项目、超高层项目层出不穷，给设计企业带来了很多挑战，也锻炼出了很多优秀的设计人才和建设人才。如我国工程建筑设计企业的理论与实战能力，在众多的超大型复杂项目中得到了锻炼和提升。②经验优势。我国国有企业这些年所参与设计的超高层项目，无论从数量上还是项目的品质上，在全世界均名列前茅，宝贵的实践积累了不少经验，对项目标准、运作以及投资控制等多方面均有了深刻的认识。③效率优势。独特的体制使得在动员能力、反应能力以及组织协调方面均有明显的优势。经过众多超大型、复杂的重点项目以及一项又一项紧急任务的考验，其服务速度可谓惊人。多年积累的丰富经验和雄厚稳定的人才队伍也提供了质量方面的保证。④沟通、协调的优势。在开拓海外市场的过程中，重要的一条就是要善于理解业主的真实需求，我国优秀传统文化的熏陶赋予企业善于倾听、设身处地理解对方的沟通优势。⑤价格优势。与国际知名设计公司相比，建筑师及工程师的薪酬远不及欧美发达国家同等水平设计师薪酬。在保证设计质量的前提下，合理低价是获得国外市场的主要筹码之一。

## 二、国有企业全球化发展启示

国有企业通过国际化成为跨国公司已不是梦想，实现产品产业多样化、销售服务网络全球化、员工文化背景多元化等，都给国有企业管理提出了新课题。国有企业只有参与异地竞争，实现完全市场条件下的业务拓展，特别是投身国际市场，以产品技术和业务管理优势赢得竞争，才能实现自身的大发展。国有企业全球化发展，主要有以下几点启示。

### （一）启示一

国有企业国际化必须着眼于自身发展，做好充分准备，有序推进，循序渐进，不盲目不躁进。按照自己的实际情况调整节奏，有准备有意图地推进国际化，避免一哄而上和盲目收购的发生。事实证明，如果有清晰的战略和方向，有充分的组织和实施，有对国际化市场的充分理解和准备，有成功的运营和推进策略，国有企业的国际化之路就会越走越顺畅。

### （二）启示二

国有企业国际化必须善于用好国际化人才。技术和产品是很容易跨过国界的，但是能够在不同国家和市场建立可行的组织机构和盈利模式的人才是最紧缺的。人才问题确实是国有企业国际化的瓶颈。国有企业在国际化经营中要取得成功，就必须用好国际化人才。这主要包括两个方面，第一是培养自己的国际化人才，培养中国籍的国际化人才；第二是从世界各地吸引国际化人才，引入外国籍的国际化人才服务于国有企业。

### （三）启示三

国有企业国际化应该守住本土根据地。国有企业海外全球化布局的目的是什么？是技术、资源、品牌，更为重要的是获取这些资源以后，要把中国的特点和国际上的特点结合起来，增强本土的竞争力，这是立身之本。所有的国际化企业，第一目标都是利用海外的市场、技术、资源、品牌，以巩固国内的市场，然后再实现国际化拓展、全球化发展。

## 第二节　国有企业全球化市场选择与创新战略

### 一、国有企业全球化发展基本路径选择

近年来，我国对外经济策略发生了重大的变化，已转向高新技术产品输出和拓展对外产业合作，这是国家实力的体现，也是全新的战略转变，为国有企业全球化发展提供了新机遇。

#### （一）国际合作

国有企业利用自身的技术和管理优势，开展国际的商务和技术合作，已有许多成功的案例。通过国际合作，可以了解国际上同行业优秀企业的产品业务情况、管理体制和管理规则，取长补短，进而实现自身的管理和技术升级。国有企业在与国际接轨过程中，要特别重视以下三个方面的工作：一是管理接轨。国有企业参与国际合作最直接的感受莫过于管理架构的差异，欧美企业的扁平式机构设置，是以项目管理为中心的矩阵式管理架构，与国有企业的多层级、条块分割的以部门权力为中心、相互制约的传统架构，在决策、运营效率及快速反应上，形成了鲜明的对比。同时，也可以借鉴欧美企业的项目管理模式，学习其项目经理和项目团队在项目研发运营、售后服务等方面的经验。此外，通过国际合作，外方相关管理工具的引入，也对国有企业的管理水平提升起到了一定的帮助作用。二是技术接轨。国际合作的技术交流也是国有企业直接受益的重要内容，如在项目合作中，外方的技术交流，包括技术标准、工艺流程、科技人员往来学习培训等。三是商务接轨。国有企业在参与国际合作过程中，应逐步建立与国际接轨的商务体系，如电子商务、现代物流、业务代理、竞标竞争、业务转包、跨行业配套等，形成符合国际惯例的分工合作、联合共赢的商业模式。要彻底改变独立接单、包打天下的保守做法，以开放精神利用合作各方的专业优势，发挥交付质量和成本服务等多维实力，实现长期共享市场、利益风险共担的合作格局。

#### （二）参与国际竞争

改革开放以来，国有企业在资源能力积累和竞争实力提升等方面，取得了长足进步和发展，已具备参与国际市场竞争的优势，特别是当前，产业合作国际化是解决产能过剩、实施产能合作的重要手段。对国际市场竞争所表现出的“丛林法则”“优胜劣汰”的残酷性，要有清醒的认识，要想做大、做优、做强，就必须参与国际市场的竞争，只有与巨人

同行、同台博弈，才能真正锤炼国有企业的自我完善和生存发展的能力，这是“鲇鱼效应”的实战演练。国有企业应充分利用网络、金融和服务业资源，诸如电子商务、现代物流、资本运作等，结合自身优势，全方位推进国际化。首先，凭借产品技术优势进入国际市场。国有企业以竞争者身份进入国际市场，要从销售和服务网络的构建开始，这是切入市场的关键。重视对知识产权的保护，因为一旦侵权，就会带来许多极其负面的影响，甚至是毁灭性的打击。其次，以资本优势掌控优秀资源。其根本在于，其产业须面向国际市场，并深度拓展，以资源优势掌控市场，并掌握话语权。我国对外贸易中，无法回避的事实是资源输出仍占有相当的比重。当今世界，有限资源的利用是国家战略的重要组成部分。因此，资源型企业国际化要充分利用自身优势，利用新技术进行资源精化和深加工开发。

### （三）开拓国际市场策略

其一，确定目标市场部署。从“做项目”到“做市场”，结合国际市场特点和拥有的资源、综合能力、市场开拓和项目承接经验等多方面因素，从以下方面研究确定目标市场：一是国家政局稳定、总体经济实力较强、具有支付实力、对我国持友好态度的国家和地区；二是我国长期给予较大力度经济援助、优惠贷款的发展中国家和第三世界国家及地区；三是行业市场具有活力和潜力、未来几年国家政府有大手笔投入的相关领域，或者是私人投资较为活跃的国家和地区。相对而言，在这些国家和地区，欧美知名专业服务企业进驻不多、竞争不太激烈，并且进入该地市场限制条件较少，其政策环境、技术壁垒、人文习俗等各方面均有利于我国国有企业进入。

其二，建设海外项目信息渠道。开拓海外市场，必须考虑如何建立有效的海外营销渠道。一般可通过以下方面扩展项目信息来源渠道：一是市场推介会和实地考察拜访，这种方式比较直接，由此获得的项目信息相对比较可靠，但收获周期较长、经营投入较大；二是与目标市场当地同行建立合作关系，既能扩展信息渠道，又能解决不熟悉当地规范体系、建设程序等问题；三是与我国有关政府部门加强联系，争取获得参与一些援外项目、优惠贷款项目的机会，并通过这些项目的操作以点带面，逐步开拓市场；四是与“中”字号国际工程总承包公司合作，一方面可以作为其设计分包，另一方面可以联合他们共同投标，以提高项目参与度；五是与行业协会加强联系，与大型投资商、开发集团建立合作关系，这种长期合作是一种双赢的做法，可以借鉴其经验加强与我国投资开发商的联系，将合作平台延伸到海外市场；六是与国内外中介建立合作关系。

其三，主动开拓国际市场。除了通过上述信息渠道获得项目信息，还可以采取更为主动积极的方式开拓国际市场。首先，可以从设立海外联络处着手。在没有项目的情况下，在海外注册公司运营成本较高，可以先设立联络处，在取得直接的项目信息以后，再根据项目承接情况，适时设立办事处等分支机构，最后根据当地市场的潜力及我国在当地业务拓展情况，考虑注册子公司或与当地合作方成立合资公司。其次，可尝试利用并购等方式取得新市场。并购与战略联盟是企业进入国际市场的重要方式，在国际竞争中有着重要的作用。通过并购，可以解决企业在资本、人才、技术、营销网络等方面存在的不足，并迅速进入东道国市场或行业领域。再次，加强与境外机构战略联盟，共同开发海外市场，这可以提高企业的国际化程度，同时加大在海外经营力量的投入，培育目标市场。最后，改变传统的“做项目”的思路模式，创造性地以“造项目”为引子，利用政策引导和自身优势创造出一些项目。例如，可以利用优惠贷款等国家政策，通过融资带动项目。对于有些外方业主在取得土地，并拥有一些初始投资资金，但尚没有明确的投资意向，或是面对多个策划举棋不定的情况，可以利用前期策划团队，为业主提供前期咨询服务，必要时甚至可以成本价或免费提供此类服务，以帮助业主尽快决策，落实一些投资建设项目。一旦业主采纳了策划方案，后期的设计、管理等合同往往就比较容易获得。

## 二、国有企业全球化发展的能力与创新路径选择

一家真正的全球化企业，其思维方式以及战略制定、运营决策和企业文化都不以本土市场为限，而是以全球市场为参照。一家企业的全球化水平不仅应当通过其海外业务占总业务的比重来衡量，而且需要通过企业在全球市场上的运营管理能力来衡量。企业全球化发展能力可定义为企业在全球范围内开展经营与管理的能力，以及在全球范围内应对竞争的能力，并且这种能力具有行业内的相对可比性。只有在行业内比较，企业间全球化发展能力的强弱才具有现实意义，国有企业全球化发展需要形成核心能力体系，以取得更好的国有企业全球化发展效果。

战略经营能力，主要是指企业基于全球视野的战略决策能力和运营管理能力，具体体现为对市场的把握与预测能力、并购的决策与运作能力、资本的运作能力、供应链的规划与管理能力等；核心资源能力，具体体现为技术资源、人才资源、信息资源、品牌资源等，这些资源是企业全球化发展的基本保障；环境适应能力，具体体现为适应复杂环境的能力，企业的环境适应能力也是企业全球化发展的核心能力之一。具体来说，全球化的环境差异体现在法律与政策、金融与税收、文化与理念等主要方面。

我国国有企业的全球化主要表现为四个阶段：初始阶段、以出口为导向阶段、价值链优化阶段和全球化运营阶段。我国国有企业全球化面临的挑战首先是文化和社会制度的差异，这种差异使国有企业在全球化的过程中遭遇到额外的阻力。我国国有企业要适应全球经济环境变化和自身战略需求，适时调整全球化战略，在推进全球化的同时加强本地化，实现企业的全球本地化经营。企业成功实现运营本土化、全球一体化和观念全球化，即标志着其全球运营模式的成功，因此，国有企业必须根据自身的发展需要，确定符合自身发展战略的全球化创新模式，为企业创造价值。

企业全球化发展创新可以分为三种形式：全球创新利用、全球创新发现和全球技术合作。

全球创新利用是指利用自身的技术能力，使新产品或服务在国际市场上商业化，如创新型产品的出口、在国际市场上的专利许可和授权、在国外生产由母国设计和开发的产品。全球创新发现主要是指研发活动在其他国家的布局，如并购东道国现有的研发力量与研发相关投资。全球技术合作是指与其他国家的合作伙伴联合开展的创新活动，如研发型合资企业、研发联盟、研发合同等。尽管随着时间的推移，三种形式的全球化创新活动都在增加，但目前全球创新发现依然只是发达国家跨国公司特有的现象，研发能力仍然集中在少数发达国家的跨国公司。全球创新利用和全球技术合作，是我国国有企业目前采用较多的全球化创新战略。除此之外，发展中国家的企业在生产和创新活动中可能更加依赖于国外的知识产权和技术，因此，全球技术采购是另外一种重要的全球化创新形式，其主要指在国际市场购买创新活动的资源投入，如机器设备、技术、许可、与创新相关的培训等。因此，对我国国有企业而言，全球创新利用、全球技术采购和全球技术合作是重要的全球化创新战略。

全球化创新战略还可以划分为两种类型：资产利用战略和资产获取战略。资产利用战略主要指企业在国际市场上推出新产品或新服务，全球创新利用可以看作一种资产利用战略；而资产获取战略的目标是获得企业不具备的技术和能力，主要包括全球技术采购和全球技术合作。调研发现，很多国有企业并不单独采取资产利用战略或资产获取战略，而是同时采用这两种战略，称为“混合型战略”。这种现象与转型经济体企业的创新追赶有密切联系。一方面，在全球化背景下，我国国有企业通过开放式创新积极获取全球范围内的技术资源，以提升自身的创新能力；另一方面，随着创新能力的积累和提高，我国国有企业也试图将新产品或新服务推向国际市场，成为全球创新网络的重要参与者。

企业的资源和能力有很多种，可能会影响企业全球化创新战略选择的因素，包括人力资源、技术资源、组织能力和研发投资。企业人力资源的素质影响全球化创新战略的选择，企业的人力资源素质越高，越有可能采取资产获取战略。企业的技术资源水平与在全球市场的产品创新相关技术资源水平越高的企业，在国际化方面的表现越积极，越有可能将创新型的产品或服务推向国际市场。企业拥有的机器和设备与产业平均水平相比越先进，企业选择资产利用战略的可能性就越大。企业参与全球技术合作或全球技术采购的程度取决于企业与合作伙伴之间的技术或认知距离，一般情况下，当企业与合作伙伴的技术差距越小，越有可能从全球技术合作或技术采购中获得更大的收益。因此，企业技术资源水平越高，越有可能采取不同形式的全球化创新战略。从这个角度讲，资产获取战略对企业技术资源水平的要求比资产利用战略更高，企业技术资源的水平影响全球化创新战略的选择。企业的技术资源水平越高，越有可能同时采取资产利用战略和资产获取战略，即混合型战略。

企业组织能力影响全球化创新战略的选择，企业的组织能力越强，越有可能采取资产利用战略。企业内部应用一系列复杂的组织技术，如质量管理系统、准时生产、持续改进、质量圈或质量小组、内部生产手册等，以助于企业的价值链管理，而价值链管理可以帮助企业建立成本优势。企业的质量管理与创新之间存在很强的正相关关系，复杂组织技术的使用会对企业在国际市场上推出新产品或服务产生积极影响。不仅如此，复杂的组织技术或组织能力，有助于企业在国际化运营过程中有效地协调和管理相应的知识，帮助企业建立成本、产品或服务创新方面的竞争优势。

企业的研发投资影响全球化创新战略的选择。企业的研发投资越大，越有可能同时采取资产利用战略和资产获取战略，即混合型战略。一般情况下，高技术企业在竞争激烈的国际环境中生存，主要取决于自身的创新能力，因此，进行大量研发投资的企业更有可能在创新和技术突破方面参与竞争，并获得竞争优势。高技术企业通过研发活动获得的核心竞争力，可能是决定其进入国际市场的重要影响因素。研发上的积累，一方面有助于提升企业内部知识和能力，使其更有可能开发出新产品或服务，并积极地推向国际市场；另一方面能使企业更加有效地利用来自全球的知识和技术，更加明确自身的国际化目标。因此，研发投资会增加企业选择资产利用战略的可能性。对知识创造和开发新产品非常积极的企业更有可能成为其他企业追求的合作伙伴，从而实现双向知识转移。另外，企业从合作伙伴处获得的任何知识，都有可能增加自身知识的多样性和加快知识的更新速度，从而进一步提高企业的知识创造和创新能力。

对致力于开展全球化创新活动的国有企业来说，应该结合自身特点及资源能力水平，选择有效的全球化创新战略。另外，出口活动和海外所有权的引入对企业选择合适的全球化创新战略会产生积极影响。与此同时，我国政府继续推出各类优惠政策，为我国企业“走出去”提供了有利的国际环境。企业应该积极发展和利用这些要素，实现知识和技术的创造和整合，提升在国际市场上的竞争力。

在企业全球化发展的不同阶段，处于不同行业的国有企业会选择不同的创新发展路径，以应对全球化带来的挑战。企业全球化创新发展路径有以下两条。

第一，企业凭借自身创新优势，发展为成功的全球化企业。采取这一路径的国有企业首先在国内市场中已是成功的创新者，然后利用自身在创新方面的竞争优势进入全球市场，成长为成功的全球化企业。

第二，企业凭借自身拥有的全球资源进行提升创新能力，保持其领先地位。采取这一路径的国有企业为了建立可持续的成功的全球化发展道路，利用自身在全球的资源对全球市场的近距离观察，以及对当地市场的洞察力促进创新发展，成为更出色的创新者。

从行业角度来看，企业往往根据其不同的行业特点选择不同的发展路径。例如，为了迅速应对市场变化，处于高新技术产业的企业往往会先选择第一种路径。具有较高行业壁垒的企业通常也会选择第一种路径，因为它们必须掌握核心的创新能力，才能满足海外市场更为严格的标准要求。从企业类型来看，大型国有企业通常会选择第二种路径。起初，这些大型国有企业走向海外的主要目的是寻求新的资源和市场。由于存在政策及财政支持，这些企业在创新方面并不十分突出，在创新方面的国际竞争中落后于民营企业和中外合资企业。如今，这些国有企业开始依靠其现有的全球资源，积极谋求新技术和国际创新人才，寻求可持续的全球化发展道路。具有创新精神的中国全球化领军者，通常在发展进程中会采取四个主要措施：一是将创新视为全球化进程中重要的战略元素；二是制定有针对性的创新战略，以应对全球范围内的挑战；三是正确处理国内外创新实施运营层面的矛盾；四是拥有促进全球化发展的长期创新能力。

## 第三节　国有企业全球化发展并购实施与保障

### 一、国有企业国际并购挑战与短板

国际并购是企业实现规模增长和全球化战略的必要途径。对于国有企业而言，“走出去”战略已经实施多年，国际并购数量规模迅速扩张，无论国有企业还是民营企业都在通过海外并购加快各自的国际化进程和全球化发展。在全球经济疲软、世界地缘局势紧张的背景下，国有企业的海外并购总体保持审慎态度。事实上，国有企业的国际化之路特别是国际并购之路并不顺利，重大挫折屡见不鲜。随着国有企业国际并购的不断实践和探索，并购的“理性时代”已经到来。如何提高企业国际并购成功率，已成为企业全球化战略发展的重大课题和挑战。

#### （一）国有企业国际并购成功率不高的原因

导致国有企业国际并购成功率不高的因素有很多，既有外部的各类政治、法律、金融等风险防范问题，也有内部的自身能力和应对准备问题。主要包括以下三个方面。

首先是自身竞争能力不强。大多数国有企业在国际市场上并无竞争优势，通常是“以弱并强，以小并大”。开展国际并购的目的就是获取资源、品牌或技术，打造自己的国际竞争力。国有企业作为收购方虽然在产权上居主导地位，但在知识技能等竞争实力上却处于劣势。这种劣势导致被并购公司的管理层和员工，一般不会马上对收购方产生深度认同，所以在分享其竞争优势上缺乏动力，从而增加了交易后管理被并购公司的难度，还可能引起被并购公司的抵触，所以这样的并购在整合中会面临特殊的挑战。因此，国有企业不能只考虑“买得起”的问题，还必须考虑“能不能消化”的问题。

其次是并购经验不多。国有企业真正实施“走出去”战略只有几十年的发展历程，且大多数企业的并购是在国际金融危机后开展的，受政府的政策导向和市场的机遇影响较大，且发展速度过快，往往一搞并购就是大项目，缺少循序渐进的经验积累过程。开展国际并购的企业以国有企业为主，比较熟悉我国市场规则，但对国际市场的研究、判断和把握缺少历练，尤其是面对复杂的国际市场竞争环境，在科学决策、风险控制和合规经营等方面重视不够、经验不足。国有企业往往并购前缺乏足够的、严谨的科学论证和分析，并购实施和谈判过程中缺少技巧和方法，并购后整合时又显得力不从心、缺少掌控和领导的办法，这些问题直接导致国有企业国际并购的成功率较低。

最后是准备不足。开展国际并购需要各个方面的准备，特别是人才的准备。对国有企业来说，海外并购起步较晚，在人才的储备上稍显不足，缺乏国际并购所需要的各类型专业人才，以致在海外并购过程中，面对各种风险和问题，缺乏有效的解决方案，经常处于被动承受的局面。从以往的实践来看，目前主要缺少三类人才：一是拥有战略思维能力，谙熟国际规则，具有较强的沟通能力，善于并购谈判的领导型人才；二是能够执行操作、具有项目管理经验、善于组织协调的管理型人才；三是具有专业知识和技能、熟悉不同业务领域规则、善于解决实际问题的专家型人才。

### （二）提升国有企业国际并购能力的关键环节

通过上述分析，学习借鉴中外企业成功并购的实践经验，需要探寻一些共性规律和关键要素。第一，制定明确和具有操作性的国际化战略，抓住机遇、顺势而为；第二，组建具有国际化经验的执行团队，并且善于利用专业顾问团队的协助，包括财务、法律、会计、税务等顾问；第三，进行全面深入的尽职调查；第四，建立严格的项目管理和顺畅的内外沟通；第五，确定合适的高管人选，实行平稳的交接和过渡，积极地管理文化和思维的潜在冲突，进行有效的整合。提升国有企业完成国际并购的综合能力，需重点把握两个方面。

#### 1. 强化正确的战略匹配

大量实践和案例证明，“动机不良”的并购大多以失败告终。企业要并购成功是有前提条件的，那就是并购必须符合自身的发展战略需求和方向。企业在这种战略逻辑的指导下，通过并购在市场中形成出可持续的竞争优势，从而实现快速发展。具有150年历史的瑞典阿特拉斯·科普柯集团，十年间累计完成了80多个并购项目，推动了集团的业务快速增长。这些项目的共同特点就是经过严格的“战略关”审核和逐级审批程序。每个项目都是由业务单元所在的事业部提出并购计划，上报董事会，而不是自上而下地提出并购计划并实施的。董事会和管理层在审核报告项目时，第一条也是最重要的一条原则，就是看为什么要开展这项并购，与事业部既定的业务战略方向是否吻合，与企业战略目标是否一致，是为了获得新技术还是为了扩大市场份额。每次并购必须明确交易主题和目的，即明确如何通过一笔交易来提升企业的核心战略。该集团认为，并购不是简单地追求所谓的“大”，而是通过并购交易，发现和获取并购的价值，进一步提升企业的核心竞争力。因此，确立正确的战略逻辑匹配是并购成功的必要前提。

2. 实施精细的交易管理

并购项目完成前，除了与战略匹配相关的目标对象甄选外，还要进行交易管理，包括并购对象的协同评估、制订整合计划、尽职调查、估值及交易结构、交易谈判等具体事项。交易管理的精细度与准确度决定了并购交易的预期收益和财务回报。其中，协同评估和尽职调查环节不仅是交易管理的重点，更是交易管理的难点。

要高度重视协同评估环节。有些企业把并购的协同评估等同于整合计划的制订，或当作其中一部分。其实，协同评估是一个独立的环节，并直接影响并购项目是否会为股东创造价值。协同评估也为并购后期的整合指明了方向，提供了分析依据。在股东价值增值思维的影响下，通常协同评估主要体现在能否通过并购实现成本的降低和销售的扩大。那么，为什么交易前的协同评估如此重要？有两个主要原因。

一是并购的协同评估环节为交易定价奠定了基础，避免了支付过高的溢价。如果并购后产生的现金流不足以消化溢价，就会造成股东价值的损失。协同效应的定量化评估越是不确定，产生的溢价风险就越高。因此，并购前必须把协同评估作为落实战略匹配的首要重点，否则将前功尽弃。

二是协同评估有利于整合计划的制订和并购后整合的实施。通过协同评估，尽早地让整合经理介入，并提出尽可能详尽准确的整合计划，使得并购的协同效应能够充分体现。

要高度重视尽职调查环节。尽职调查的重要性主要体现在以下四个方面：第一，核实对预设的协同效应；第二，对目标企业的估值高低提供数据分析和评估依据；第三，为制订整合计划奠定基础；第四，尽职调查的结果为购买合同的起草提供依据。因此，尽职调查必须包含目标企业的所有数据和信息，并确定防范可能存在的风险办法。实践中，项目团队将尽职调查的结果作为决定继续交易，还是放弃并购的重要依据。

实施精细的交易管理，要求坚持细节决定成败的原则，高度重视每个环节，要执行有效的整合计划。整合是一个贯穿于整个并购行为前、中、后各阶段的系统工程。有效的整合执行是成功并购的根本保证。这对很多企业来说是一个艰巨的挑战。很多企业往往对交易前的环节比较重视，而对整合计划和实施环节缺乏力度，导致并购后未能实现预期的协同效应，从而不能提高企业竞争优势，也不会为股东增加价值。将有效的并购整合管理覆盖到并购的整个过程，要做到以下两个方面。

第一，要制订细化周到的整合计划。整合计划是取得协同效应的方法保证，更关系到并购后两家公司的业务如何在现有价值基础上产生“1+1 ＞ 2”的效果。整合工作必须在并购交易前经过严密的计划和反复论证，而不是等到交易后再着手进行。企业应根据交易性质建立一套系统的计划安排和协同细则，覆盖到并购对象的组织结构、人力资源、财务、税务、法务、风险控制、产品开发、生产制造、市场销售、品牌、文化影响、环境安全等各个方面。通过各部门的对口联动，尽可能做到“战略协同，增值导向，通盘接轨、风险穷尽”，把整合计划的重要性等同于估值谈判来对待。

第二，快速有效推进整合实施。并购后前 100 天是整合的关键期。如何把握整合速度与业务发展的平衡是整个整合的重点。企业应迅速派出经过挑选的，具有丰富经验的强有力的整合团队，以关注和满足客户需求为首要前提，以项目管理为整合方式，在充分尊重被并购公司管理层与员工的基础上，根据整合方案有序稳妥地推进文化、品牌、领导力、管理流程等各方面的整合。有效的整合执行包括以下几个方面：一要保持清晰、透明和经常化的沟通与交流；二要为关键员工制订明确的激励计划，调动他们的积极性去迎接新的挑战；三要在充分理解的基础上，制订详细计划去处理文化差异问题；四要在平衡好现有业务发展的前提下，快速实现效应，达成目标。并购交易完成的一年后，需进行严格的后评估，对照整合协同计划逐项检查、调整和修正相关内容，完善协同细则，推进运营整合。这种做法不但较大程度地控制了风险，更重要地是为实现并购对企业发展的价值贡献提供了必要的保证。“路漫漫其修远兮，吾将上下而求索。”国有企业的国际并购任重而道远，需要在实践中不断地积累经验，在磨炼中提升自身能力，以应对国际并购的各类风险和挑战。只有通过反复有效的探索，才能真正走出一条适合国有企业全球化发展的并购之路。

## 二、国有企业全球化发展跨文化与人才管理

### （一）孙子兵法与跨文化谋略

企业全球化过程是利益冲突、文化兼容和矛盾化解的过程，需要跨文化管理，可以借助中国古籍《孙子兵法》中的谋略，吸取精粹，挖掘其现实意义。

1. 立于不败

“昔之善战者，先为不可胜，以待敌之可胜。不可胜在己，可胜在敌。”（《军形篇》）从前善于打仗的人，首先做到使自己不会被敌人战胜，然后再等待和寻求敌人可能被“我”战胜的时机，战而胜之。只要不被敌人战胜的主动权掌握在自己手中，要战胜敌人就在于敌人是否有隙可乘了。“先为不可胜”是孙子的“先胜”谋略。企业在与外商进行艰难的谈判之前，也应当做到先胜，为国际化做充分的准备。“先胜”首先在于“先”，企业国际化应当有长远的战略，在走出国门之前，企业应谋略在先，早做准备。企业应当了解自己在各个市场的优势劣势，通过多层次的战略部署，熟悉市场，把握先机。“先胜”亦在于“胜”，企业国际化应做好长板效应，积蓄能量，突出优势，增强自身吸引力，为日后的谈判增加筹码。现代科技日新月异，企业的“先胜”必须创新，以长远的眼光投资未来，加强内在积累，网罗人才，注重培养，尤其要打造鼓励创新、包容性的企业文化，为企业国际化创造好的环境、适宜的土壤，以“先胜”立于不败之地。

2. 不战而胜

“百战百胜，非善之善者也；不战而屈人之兵，善之善者也。”（《谋攻篇》）百战

百胜，还不算是高明中最高明的；不经交战而能使敌人屈服，才算是高明中最高明的。“不战而屈人之兵”是孙子的“全胜”谋略。企业的国际化收购往往由于双方目标、利益不一致，产生很多冲突、对抗，只有找到目标一致的利益共同点，才是国际化成功的捷径。

3. 以迂为直

“军争之难者，以迂为直，以患为利。故迂其途而诱之以利，后人发，先人至，此知迂直之计者也。”（《军争篇》）争取先机之利最困难的地方，是要把迂回的弯路变为直路，要把不利变成有利。所以用迂回绕道的佯动以及小利引诱敌人，就能比敌人后出动而先到达所要争取的要地。“以迂为直”是孙子的“迂胜”谋略。在企业国际化的道路上，也要讲究以迂为直，找到迂回的捷径。

4. 知彼知己

“知彼知己，百战不殆；不知彼而知己，一胜一负；不知彼不知己，每战必殆。”（《谋攻篇》）既了解敌人又了解自己，百战都不会有危险；不了解敌人但了解自己，或者胜利，或者失败；既不了解敌人，也不了解自己，那么每次用兵都有危险。“知彼知己”是孙子的“知胜”谋略，企业的国际化收购谈判往往在收购价格上有很多的争议，而国际化收购最重要的是“知彼知己”。知彼，了解对方为什么要卖？其竞争的优势和劣势在哪里？优势在收购后能否继续发挥作用？劣势在整合后能否消除？收购对方有哪些风险？如何在交易条款中进行适当的保护？知己，自己有没有能力管理整合后的企业？能否发挥整合后的协同效应？只有在这些问题上想明白、看清楚，把企业国际化收购后的谋略部署好，在并购谈判中降低并购整合的风险，才是并购成功的关键。《孙子兵法》第一章《始计篇》中说，用兵五件事“道、天、地、将、法”。企业国际化如果能做到这五个方面，即使之合乎经济发展的规律、合乎社会公众的利益，并把握好的时机，充分发挥地域、资源的优势，在胸有谋略的领导者的率领下，明确规划、严格执行规章制度，那么国有企业全球化发展就可少走弯路多制胜！

### （二）国有企业全球化发展的国际化人才管理

研究表明，国际化人才、文化融合、品牌知名度和全球运营经验是国有企业参与国际竞争、全球化发展最为艰巨的四大挑战。其中，国际化人才最为关键，而国际化人才管理也是国有企业全球化发展中的一大挑战。国有企业在全球化发展中面临的国际化人才管理问题如下。

1. 国际化人才短缺

国际化人才是具有国际化视野，通晓国际惯例和规则，熟悉本专业的国际化知识，同时具有较强创新能力和跨文化沟通能力的人才。国际化人才应具备以下七种素质：一要有宽广的国际化视野和强烈的创新意识；二要掌握本专业的国际化知识；三要熟悉国际惯例；四要有较强的跨文化沟通能力；五要有独立的国际活动能力；六要有较强的运用和处理信息的能力；七要具备较强的责任意识和心理素质，能经受多重挑战。如此高素质的国际化人才目前在企业里非常短缺。一方面由于企业快速做大，人才储备本来就跟不上，再加上以传统方式培养出来的人才，既在能力素质上与国际化要求相去甚远，又缺乏海外市场的实际运作经验，很难成为真正意义上的国际化人才；另一方面，成熟的职业经理人制度尚未形成，没有一套适应市场经济体制要求的国际化人才开发、管理、考核、激励机制，很难吸引、留住、用好海外的优秀国际化人才。

2. 人力资源管理复杂化

人力资源管理以人的价值为中心，处理人与工作、人与人、人与组织的互动关系，人力资源管理的目的就组织而言是提高生产率，就员工而言是提高生活质量和工作满意度。当一个公司进入国际舞台，随着人才的跨国流动，其人力资源管理更趋复杂化，会更多地受到不同的政治体制、法律规范和风俗习惯的冲击。这就要求企业进行全球人力资源管理，以解决人力资源活动中产生的各种复杂问题和矛盾。要结合各企业所在国的实际，探索实施符合国际惯例的选聘、培训、考核、薪酬、激励制度，采取相应的对策。

一是用国际化视野进行人才全球化配置。一个全球化跨国公司的人才队伍一定是高度国际化的，员工来自五湖四海。企业要以全球化的视野、海纳百川的胸怀，通过行动和市场来搜寻、吸纳、培养人。当然不是天下英才都能为我所用，一个企业有一个企业的文化，有它的价值观，它的体制、机制，只有认同这些企业核心元素的人企业才能选用。为了适应企业国际化发展的要求，企业可以采用内部培养、整合留用和外部引进三重并举的人才战略。要加大内部的竞争性选拔和培养力度，对现有的中高级管理人员进行国际化企业经营运作能力的系统提升，有计划地选派人员到海外企业任职。在企业整合过程中，非常需要熟悉企业、熟悉员工又熟悉当地市场的管理团队。要积极开展全球招聘，与相关行业国际知名人才中介公司合作，对一些空缺的关键岗位迅速补充具有国际化经营背景的优秀人才。对于国际化引进和市场招聘，在操作中要把握好以下几点：岗位有描述、人员有比选、业绩有评价、任期有目标、过程有监督。同时，要加快思路理念、操作做法与行业标杆企业的主动适应和对接，积极搭建让优秀人才脱颖而出的平台。

二是加强企业文化建设和跨文化培训。以海纳百川的胸怀，加快东西方文化交流融合，努力营造人才“引得进、留得住、用得好”的良好氛围。首先，形成文化主导。企业在国际并购过程中，要用自己企业文化中优秀的一面去引导被收购企业，同时也要保留被收购方企业文化中一些先进部分，使两方企业文化尽快融合。其次，文化磨合需要建立在坦诚、尊重的基础上。在收购前期，企业领导就应该致力于为新组织建立有共识的战略使命，并通过各种方式和渠道进行阐述、宣传。与被并购企业的管理团队和员工进行深入的交流沟通，使员工能够理解和接受合并后的企业文化，减少文化冲突，将自己的思想、行动与企业的经营管理联系起来，齐心协力向前迈进。最后加强跨文化主题培训。对员工，尤其是高层管理团队加强跨文化培训是搭建桥梁、消除文化差异的有效方法，共同的价值观和愿景是应用这种方法的关键。国有企业可以组织境外管理团队和员工来总部培训，让他们亲身感受中国的传统文化、思维逻辑、社会发展，了解在中国特色社会主义道路框架下的体制机制和行为方式，增强理解和互信；也可以组织短期的岗位交换，让双方员工形成统一的企业文化价值观，以更加理解和尊重彼此的文化生活习惯。

三是坚持企业人力资源的专业化管理。企业人力资源的专业化管理重点体现在两个方面：制度和能力。在管理制度方面要体现专业水平，在管理能力方面要体现专家水准。首先，要建立与国际化发展战略相适应的组织架构和人力资源管理体系。借鉴区域管理的模式，对于员工从招聘至离职所涉及的每个人力资源管理环节，总部都应设有具体而明确的政策、操作程序及相关系统支持；各海外公司则根据当地相关劳动法律，因地制宜地制定相应的执行程序和措施，使各企业人力资源管理和操作在较为统一的基础上，又不失地区特色，真正为各企业成员提供较大的方便与支持。其次，要提升人力资源开发的能级。互联网时代，人力资源管理必须依靠一个完善的信息系统来进行，将数据整合转换为人力资源战略决策的依据。同时，还要熟悉经营策略、业务模式、企业文化，洞悉行业人才地图，有效整合所有资源。只有这样，才能更好地为企业国际化管理提供服务。

四是打造跨国人才配置服务平台。人才供给的质量是提升企业全球化价值链的一个重要手段，各国已将吸引人才放在了国家战略的高度。建立具有国际竞争力的引才用才机制，完善海外人才引进方式，搭建工作和服务平台，扩大人才对外交流。首先，要加强人才政策的协同性，强化跨国人才工作的组织保障。将人才吸引的功能蕴含在技术移民政策、留学生政策、平台政策和人才回流政策之中，形成系统性的人才吸引政策体系。其次，打造跨国人才实训基地，积极储备和培养各类人才。根据企业“走出去”战略要求和跨国经营人才培训需求，设计针对性的培训课程体系。再次，打造促进全球高端人才聚集的“生态圈”。建设国际人才试验区，推进人才政策先行先试，为人才工作体制机制创新突破提供可复制、可推广的经验。建立与国际规则接轨的高层次人才招聘、薪酬、考核、社会保障等制度，支持高校、科研院所、园区等试点建立“学科（人才）特区”，构建灵活的用人机制。通过“走出去”和“请进来”，增加跨国人才总量，产生“以才聚才”的强磁场效应和人才溢出效应。

## 第四节　国有企业全球化发展风险管控

### 一、国有企业全球化发展风险源头分析

企业全球化发展是一项充满风险的事业。陌生的国际市场充满激烈竞争，诸多不明因素导致了开拓国际市场的不可预测、不可掌控性，法律法规体系和技术规范规程的不熟悉、

错综复杂的社会政治和经济环境等因素都会带来很多不确定性风险。在市场开拓期间，海外的投入比国内市场开发的投入要大得多，而取得的回报却可能差很多。由于路途遥远，出行费用及时间成本与国内相比大幅增加，而且由于每次考察调研时间有限、信息来源渠道不足或是不够有效，短短几次的调研并不能充分熟悉当地市场条件、自然和人文环境、政府政策、法律法规、执行的规范标准等情况，给后期承接项目带来了潜在的风险。同时，响应市场需求，要在某国某地设立办事处或分支机构，这也是一笔很大的投入，不太可能在短期内就能得到回报，这些都是需要提前预判的风险。

全面分析企业全球化过程的风险因素，正确估算风险大小，认真研究风险控制措施，以避免风险和减轻风险，甚至化风险为收益，关乎国有企业的生存和发展。只有做到超前分析，认真识别，可靠评估，科学、慎重地进行风险管理规划、决策、控制和监督，同时向有成功经验的同行认真取经，并不断完善风险管理体制，以适应市场竞争的需要，才能在激烈的市场较量中站稳脚跟，加快发展。虽然开拓国际市场前期投入大、收益慢，然而“远见者赢”，需要看到国际市场的潜力，为了企业未来的发展加大跨国经营投入，积极采取措施改进企业跨国经营中的风险管控现状。

一要树立互利共赢理念，承担更多社会责任。“走出去”企业要注意平衡与东道国政府、企业的利益关系，也要注意平衡与当地居民的利益关系，特别是就业问题、劳资关系。只有在东道国承担起更多的社会责任，在劳工、消费者权益保护，安全生产，环境保护，商业道德自律等方面付出更多的努力，真正将互利共赢理念贯彻到经营行为中，才能获得东道国政府和民众真心的欢迎和支持，从而真正实现共赢。

二要找准战略定位，明晰国际化经营目标。企业制定国际化战略，首先是要明确方向、找准定位，不能盲目突进；其次要紧盯主业、符合专业，发挥自身优势，在国际竞争中扬长避短，抵制诱惑。要重点关注项目的经济可行性，投资目的国应该具有资源、市场、成本三大优势，选择成长性强的项目进行经营。另外，要符合本国和东道国的政策导向，既要服务于我国国际产业合作的发展布局、大局，又要符合东道国政府的产业政策导向，从而尽可能规避政策风险。

三要加强国家风险研究，提高内部风险防范能力。企业应该对“走出去”，对面临的风险进行常态化研究，以降低对政府部门风险预警和风险信息服务的依赖，必要时可设立专门的风险研究部门。及时了解并掌握国际市场的需求状况和投资环境变化，研究分析相关产业、产品和企业信息，减少投资和经营的盲目性。逐步强化风险管理工作，加强对企业资金、投融资、担保等重大财务事项的监管，对重点指标进行跟踪分析和财务预警，切实加强金融衍生业务监管，增强抗风险能力。

四要构建国际化复合型人才团队。企业要制定国际化人才建设的战略规划，深入研究行业现状和未来发展趋势，培养适应企业未来发展需求的国际化人才。完善国际化人才队伍的结构，构建国际化复合型的人才团队，既要有具备国际化视野的领军人物，又要有国际化的管理人才、专业技术人才和操作人才。引进和培养相结合，以培养为主体，加大对现有人才的国际化培养力度。推进人才属地化和待遇国际化，对外籍员工要理解、包容、信任、尊重，并给予充分的职业发展空间。

## 二、国有企业全球化发展的实践样本

通过分析一家国有炼化工程企业实施国际化发展战略案例，说明国有企业全球化发展既是其自身发展的内在动力，也是经济全球化的必然结果。

### （一）企业实施国际化发展战略的思考

其一，世界能源行业发展的内在需求。尽管新型和替代能源的潜在需求及其发展远景非常诱人，世界经济的发展还无法摆脱对化石能源及重化工业的依赖。能源需求与人类社会发展与生俱来的共生关系决定了能源行业发展与工程建设的密切关联。能源的勘探、开采、储存、转化，特别是多级衍生产品的生产与人们的日常生活息息相关，其实现路径都离不开工程的建设和维修，而工程建设服务是具有显著专业化特点的特殊行业，其安全、质量、技术与项目管理的严谨要求和组织结构，既是行业的进入壁垒，又是能源安全的关键要素。因此，发展国际炼化工程服务行业，是世界能源行业发展的内在需求。

其二，炼化工程服务全球化竞争态势的不可逆转。信息技术和世界经济一体化促进了不同产业链的形成以及更加明确的市场细分。以项目管理为核心的工程服务业，因其具备的技术与劳务的整合能力逐步成为一个专门产业，以专业化管理为客户提供增值服务，越来越得到关键客户的认可和接受。炼化工程服务作为工程行业的一个重要分支被置于全球化的竞争态势之中，从传统的西方市场转向能源产出地和新兴市场，并且逐步呈现出局部回归的趋势。炼化工程服务本身也存在高中低端的分类，不同的分类又有不同的资源要求，如低端的施工以劳务为主，中端的工程承包以工程技术和劳务管理并举，高端的服务主要在于技术输出以及项目前端设计和项目管理承包。人力资源的有限性以及人力成本的急剧上升，为新兴市场国家提供了更多的竞争机会。经济全球化急剧改变了公司的经营和参与竞争方式，企业不得不重新考虑如何选择合适的竞争对手与竞争环境；如何发挥企业的竞争力和比较优势；如何加强自身的竞争力，谋求生存和发展。这些因素均决定了炼化工程企业应面向国际市场，找到适合自身的差异化发展道路。我国炼化工程企业参与国际化竞争的内在动因还在于：我国作为世界的第二大经济体，已经跨过了简单的资本输入和积累阶段，也不再仅仅满足于国内的市场需求。其转型发展的要求使企业不得不考虑下列因素：制造大国向制造强国转变，从而适应国际市场的技术和规则要求；能源安全战略；技术创新和产业升级，节能减排、资源与环境保护；对外投资；地缘政治环境及其压力，资源国经济发展的策略，资源国经济社会发展的内在驱动；技术或资本的输入需求；经济全球化的外在压力以及资本的逐利性。

其三，国有企业建立跨国公司，形成非常强大的所有权优势。公司几乎可以进入任何新的国家（在此之前主要目标市场为以前进入过的国家）值得关注的项目，没有任何“心理距离”。把世界作为一个市场，争夺那些投入可以带来超额利润的全球项目。因此，在市场定位策略方面，建设跨国公司往往采取“全球市场寻求战略”，以便参与全球竞争，整合其全球资源。

正是以上各种因素的综合，为炼化工程企业走向国际工程建设市场带来了不可多得的发展机遇。

### （二）应对企业国际化征程中的风险挑战

1. 风险来源分析

一是政策调整。各国政府对所在国的炼油及化工业，特别是炼油厂和石化厂等工程建设都控制得非常严格。公司业务所在地的国家政府实施的各类政策和经济措施，如政府开支，信贷融资，土地使用，政府对新项目的批复，环境保护、安全生产、经营设施的技术要求和产能要求，行业准入，外商投资等都会对炼油及化工行业的建设活动和资本投资产生很大影响。此外，国际及区域性组织政策和措施的调整或变更，也可能对公司的业务产生影响。

二是全球经济环境变化。受到金融市场的影响，近年来全球经济发展总体放缓，中国等主要新兴经济体的经济增长也显著放缓。

三是市场的不确定性，加大了项目执行风险。公司在工程设计、工程总承包和施工业务中，大多数时候签订固定价格但工期较长的合同。在国家新一轮城镇化建设中，工程建设市场中设备、材料、劳动力价格变化因素增加，因此需要自己承担因为通货膨胀、原材料或零部件或设备价格的波动、工作范围的变化等造成的成本变化风险。

四是其他影响因素。公司业务还存在其他各类风险因素，这些风险主要表现为：政治经济不确定风险；安全风险；经济制裁、项目所在国没收公司的资产；通货膨胀；货币波动、贬值和兑换受限；没收性赋税和其他不利的税收政策；限制或干扰市场、限制付款或资金流动的政府行为；剥夺合同权利的政府行为；由于缺少完善的法律体系，合同权利很难行使；由于政府、相关世界组织行为或当地法律规定，公司无法取得或持有经营所必需的许可；等等。

2. 实施风险管控

一是经营风险应对。从事前、事中和事后三个方面采取措施进行应对。事前防范措施包括：自上而下统一认识，从组织体系建设（包括职责分工）、市场企划定位、资源整合与协调等方面建立符合海外事业战略要求的结构体系，逐步完善海外事业管理的组织体系保证，理顺海外业务管理制度与流程，建立健全维系海外事业高效运转的运营管控模式。事中应对措施包括：建立健全海外市场信息收集机制，采取灵活多样的方式开展海外投资和项目竞标，审慎对待需要外部合作的国际化项目，做好国际项目合作伙伴的信用评估工作。签订合作协议时，严审合同条款，防止出现技术、商务以及交付风险；注重人才引进工作，做好国际化人才梯队建设；建立海外项目风险分析数据库，完善风险管控机制，制定海外突发事件应急预案并有效执行；强化员工保密意识，维护公司商业机密安全。事后应对措施包括：加强国际化项目的考核评价，组织内部交流，分享国际化市场推广和项目管理经验，建立市场信息共享和市场拓展定期协调机制，按照应急预案开展相关工作，积极应对突发事件。

二是投资风险应对。优化投资决策体系，将定量与定性分析相结合，充分辨识、评估和分析审查项目相关的风险，做到决策科学，风险可控：强化投资过程管理，如建立尽职档案、统计分析项目进展情况、及时解决存在的问题和风险点；完善投资项目后评价和问责机制；建立有效的激励约束机制，吸引优秀的资本运作人才；加强对外收购和兼并管理，建立并购项目库，对其中的项目进行跟踪研究，在条件具备时实施并购，避免盲目性；控制投资冲动，把握好投资节奏；通过一定的保险手段进行风险转移。

三是经济政策风险应对。加强分析研究和信息沟通，提高分析研究的有效性。通过加强与国内外研究机构的合作，充分利用外部力量和研究成果，及时掌握全球经济环境和产业发展动向；建立经济风险管理框架，建立风险识别机制，对国际形势及目标市场风险进行评估，并纳入战略规划；通过调整业务模式或结构应对不同的经济形势，注重客户结构的优化，降低对少数客户的过度依赖，通过客户及客户行业多元化来分散风险。

四是人力资源风险应对。建立健全人力资源规划管理体系，分解制订公司的人才战略规划，建立公司人力资源评估机制，完善人力资源政策；加快国际化人才引进，吸引更多高层次人才；通过调整结构和分布促进人员管理水平的提高；加强骨干人才队伍的建设。优化公司薪酬制度体系，建立健全激励和监督约束机制；建立科学有效的人力资源管理模式，完善现有人力资源管理体制。

五是公共安全风险应对。始终坚持“以人为本，安全第一，预防为主”的方针，不断强化各种安全防范措施，高度重视、积极应对境外公共安全风险。第一，要抓思想认识到位。始终坚持以人为本，牢固树立“安全高于一切、生命最为宝贵”的理念，认真践行“为生命安全和家庭幸福而工作”的安全观，总结经验、吸取教训、强化意识。第二，要抓各级责任落实。要通过进一步完善体制机制和规章制度，强化各级领导和管理人员的责任；通过抓牵头、抓重点、抓关键、抓基层、抓员工，强化境外一线的管控力。第三，要抓防范手段提升。“安全第一、重在防范”，要在人防、物防、技防上下功夫，境外公共安全要从源头抓起，严把境外新设机构、新上项目公共安全的风险关，持续开展境外公共安全培训工作，增强全员安全意识和防范风险的能力。第四，要抓工作持续改进。跟上形势发展变化，认真总结经验，持续不断改进，努力提升境外公共安全的管理水平，为国际化经营保驾护航。

# 第六章　国有企业风险控制

## 第一节　国有企业治理与风险控制

由于国有企业的内部风险交易和风险传导机制不同于一般企业，国有企业的风险控制，也不同于一般企业的风险管理。之所以如此，是因为国有企业治理本身受其所有权结构和所处制度环境的影响，与一般企业的治理结构存在较大的不同。国有企业的风险控制等于风险治理和风险传导，因此，国有企业风险控制的内容，超出了一般的风险管理所能覆盖的范围。在这样一个风险控制概念下面的风险治理研究，就是对单个国有企业在应对企业风险方面所表现出来的制度特征和行为趋向的考察和分析。下面我们就从国有企业治理结构的不同特点说起。

### 一、企业治理的风险因素分析

#### （一）商业与非商业组织治理的差异

无论是从交易费用理论还是委托理论出发对治理结构进行研究，无论是将治理结构诠释为理论中“准租”分配，还是将其看作实际操作中保护小股东的机制，都无法否认，合作是组织治理产生和治理结构演进的前提。没有合作就没有组织，更不会有治理。企业治理不仅以合作为前提，而且还以合作为手段和目的。所谓以合作为前提，是指治理结构作为一个制度平台，以公司利益相关者之间的合作为前提；以合作为手段，是指治理结构要对公司的运作产生影响，必须在合作条件下，以避免风险定价的交易为基本手段进行公司内部资源配置；以合作为目的，是指治理结构的基本价值在于，为了一个既定的目标，在一个冲突的环境下，利益相关者之间的合作，以及在合作基础上形成稳定的交易环境，是治理结构所要达到的最终目的。下面通过比较商业组织和非商业组织的治理问题进一步加强对上述观点的阐述。

首先，现实中合作的普遍性决定了治理问题的广泛性。就组织而言，只要以下两个必要条件之一得不到满足，就会存在治理问题：①组织内部决策的集中化；②组织在一个封闭状态下运行。从这个意义上讲，并非所有公司都有治理问题，即使在所有权和经营权分离的情况下，如果只有单一的所有者，而单一的所有者采用非经济手段来确保经营权的履行符合所有者利益时，就不会有治理问题。

随着市场的逐渐扩大，经济和社会因素的相互渗透，两个条件同时被满足的情况实际上非常少。因此，组织治理问题在现实中是广泛存在的。唯一的差异就是治理结构形式和作用机制的差异，反映到理论研究中，则是不同类型的组织治理问题差异化的研究模式。例如，企业有众多股东，其治理结构就是一个显性的结构，所有的利益相关者的诉求都可以在这样一个显性的制度平台上加以表达。反过来，如果企业只有一个所有者，则可能形成一个集中专断的决策结构，这样的企业也存在治理结构，只不过这种治理结构是隐性的，其他利益相关者对企业治理的参与完全取决于相关决定的交易条件。

其次，组织存续目的的差异是治理结构差异的根本原因。在一个一般的组织分类意义上，即在商业组织和非商业组织的意义上对治理结构进行比较，可以发现，商业组织的治理结构具有较高程度的类似性，这种类似性在长期的商业活动中，已经演变为规范的法律形式。而非商业组织的治理结构，其差异很大，无论是结构较为紧密的政府组织，还是组织非常松散的社会团体，其治理结构并没有表现出与商业组织类似的趋同性。商业和非商业组织治理结构存在的这种差异，其根本原因在于商业组织的有组织、有计划、有目的的活动，存在一个大致相同的目标，即尽可能多地通过组织的经济活动来获取回报。而由于组织存续的领域差别，非商业组织并不存在这样一个一致的目标，目标的差异导致了治理结构的差异。

最后，通过交易配置风险范围是治理结构差异的直接表现。商业组织既可以通过内部交易的方式来配置风险，也可以通过外部交易的方式来实现风险的转移。对于不同的商业组织而言，差异仅仅在于根据自身规模和特定市场环境的不同，各自分别决定采用哪一种方式来应对不确定性和风险。非商业组织也可以通过交易的方式配置风险，但仅限于外部交易。非商业组织内部不可能通过交易的方式来配置风险。其原因在于，商业组织内部的利益相关者相互之间、利益相关者与商业组织之间存在着风险分担的共同利益。例如，企业经营失败，所有与企业经营有关的人员利益均会受损，因此，一个风险分担机制（事前或事后的）就会在利益相关者之间形成（例如，企业经营困难时对雇员的减薪），以避免或减轻风险的最终损害程度。非商业组织内部并不存在这样的分散机制，其内部风险的分散机制是事前约定，并经过一定程序认定的机制，组织和组织内部特定部门的代表人是这一事前风险分散机制的决策者、执行者和负责人。这种机制更类似于被动的触发机制，与商业组织主动地通过内部交易的方式来配置风险是截然不同的。

现实中，当非商业组织涉及了过多的商业活动，其治理结构的缺陷就会表现出来：事前就固化的内部风险分担机制，客观上无法满足商业活动通过商业组织内部交易的方式来实现风险分散的要求，由此导致风险在组织内部集中和积累。例如，政府作为一个非商业组织，如果过多地直接介入商业活动、干预经济的运行乃至企业的经营，其最终的结果就是政府内部风险的积累。

### （二）治理结构的风险因素分析

从风险控制的角度看，公司治理体现了这样一种观念，即组织风险最根本的来源在于人，就公司而言，就是各种利益相关者在公司运作过程中的冲突与合作关系。公司治理结构就是要通过对各种利益相关者之间的交易条件进行规定，进而对多个交易叠加起来的交易集合规模和结构进行权衡和判断。从组织存续的角度看，治理结构最为重要的功能，在于确定企业的边界，在这一边界之内，企业组织是风险控制的主体，一旦超过了这一边界，风险将由利益相关者共同承担。由此，企业治理应该要达到以下两个目的：其一，通过治理结构形成的制度平台，对企业在其存续过程中所要达成的交易不确定性进行控制。其二，通过治理结构所形成的交易条件，企业组织所需应对的风险，可以超过企业的法律边界，在利益相关者之间进行配置。而制度平台的维护及其功能的发挥，不仅需要专门的机构，例如董事会和专业的风险委员会，还需要专业化的决策。治理结构所要实现的，就是在确保利益相关者合作的基础上促成企业针对不确定性和风险所作出的决策。

一个有效的商业组织治理结构，必然包含两重含义。一是确保组织通过交易来配置风险的行为，可以在利益相关者合作的基础上展开。就是在治理结构层面，通过一定的制度构建和机制设计，使得利益相关者之间的交易叠加，界定企业的边界，为企业风险向外分散和内部消化创造条件。二是治理结构必须确保企业内部通过交易方式来配置风险的市场基础。这两个方面构成了企业风险治理的主要内容。

从风险治理的层次上看，治理结构可以分为几个层次。一是管理者；二是股东和债权人；三是利益相关者；四是外部市场，包括产品和资本市场。只有包括了上述几个层次，才可以形成一个完整意义上的治理结构。对企业风险治理的研究就是对上述几个层次的治理进行分析，看其是否为企业创造了一个通过交易向外配置风险的平台。另外，就是对治理结构是否能确保企业通过交易，向内进行风险配置的行为进行市场化定价。

在现实的企业运作中，风险治理并没有成为管理关注的对象。其原因在于：①现实企业的运作，是以既定的治理结构为前提的。越是发达的市场经济，治理结构的规范化、法律化特征越强，相应地，治理结构作为一种制衡机制的稳定性也越强。除非严重的市场失败情况出现，企业治理结构层面上存在的风险控制问题，也就是风险治理问题都不太容易引起企业管理者的重视。美国的萨班斯法案以及东亚金融危机所引起的对公司治理结构的全面反思，均是在企业乃至国家的经济经历了巨大的市场失败之后才出台的。②尽管在治理的形式上存在着显性和隐性的差别，现实企业的治理机构，无论是众多小股东的共同治理，还是在外部市场约束下的大股东、小股东的共同治理，只要治理机构完善，共同治理基本上就是治理的常态。在共同治理的前提下，企业通过交易的方式向外配置风险或者在企业内部配置风险，都存在一个既定的空间和机制，也正是其风险配置功能的正常发挥，使得我们对风险治理的关注甚少。③对于治理结构的理论研究，更多地从交易费用的角度展开，例如对于企业运作的制度平台的研究，事前的合约研究较多，而对这一制度平台如何去应对不确定性和风险的研究不够。

## 二、国有企业治理分析

### （一）判断标准的讨论与陈述

市场化改革是我国国有企业的发展方向。对我国国有企业的治理问题的研究必须坚持这一基本价值原则。这一基本价值原则确定了我们探讨国有企业治理问题的出发点和参照系。所谓出发点，是指我们对国有企业治理问题的研究是在市场环境下展开的。所谓参照系，是指市场环境下企业治理的模式是我们判断国有企业治理结构的一个重要参照。如果不把市场化水平作为一个基本的考察变量，仅仅从效率指标上在一个较短期限内对企业治理的绩效进行评估，所得出的制度效率指标，无论是优秀还是低劣，都不能说明国有企业治理水平的优劣。

因此，对国有企业治理水平的评价，不仅要求结果达标，更要求过程达标。例如，就“做大做强”“增强控制力”而言，如果不考虑市场化标准，那么可以达到这一目的的举措非常多。其中，通过倾斜性的产业政策和强烈的政策性金融，鼓励企业兼并重组、做大做强，是政府最容易也最愿意采用的办法。同时，我们也应看到，这样的举措最容易见到成效。但从理论的角度看，这样的措施实际上是背离市场化改革这一基本原则的。短期内，我们可以通过政策、法律、金融甚至行政手段来为国有企业塑造一道又一道的“防波堤”，为国有资产加上重重保护，但缺乏市场基础的国有企业并不可能因此就真正形成可以依靠的市场竞争力，没有交易作支撑，只讲收益不讲风险的国有资产也难以真正实现保值增值。

因此，对于国有企业治理的分析，必须有以下两个方面的参照：一是经营绩效参照，二是治理结构的完善水平参照。就前者而言，市场中同类型其他企业的经营指标可以作为国有企业的参照。对于后者来说，市场经济条件下国有企业治理的一般特征与要求可以作为参考和借鉴。

市场经济条件下的国有企业治理应该满足以下条件：①外部治理方面，要完善法律监管。一方面，通过监管方式、法律制度和金融体制的改革，构建独立的国家所有权监管机构，明确国家所有权的具体内容、实现原则与方式，赋予国有企业独立的经营地位；另一方面，以立法的形式，限制政府对国有企业的支持，促进国有企业与其他企业在市场环境中的公平竞争。②在内部治理方面，应当构建一个基于法律和交易关系的利益相关者的多方治理结构。治理结构的多方参与表现在两个层面上。在股权方面，多元化股权结构的形成以及多元化股东对治理的参与是必要的，这一点不仅在内部治理原则中必须加以体现，在外部治理方面，也必须加以明确。在与利益相关者的关系上，应当在报告制度和内部控制制度的基础上，形成利益相关者的共同治理，对于负有重大公共服务义务的国有企业，更是如此。③在治理过程中，国有企业在公司经营目标、所有权、风险与处置、政府支持与关联交易等方面，应当保持高水平的透明度，尤其是涉及国家所有权和公众的部分。④在董事会方面，一个较小的、接受明确授权和负有最终责任的董事会，更容易履行其监督管理层和进行战略指导的职能。应该建立保障职工代表在董事会中发挥作用的机制，同时建立审计、风险管理和报酬等专业化委员会，以支持董事会工作。

### （二）国有企业集团及其治理

我国国有企业在经历了一系列改革之后，其企业的形态和内外部环境均有了较大变化。在国有企业制度变革过程中逐渐发展起来的公司治理结构，其产生是制度引入的结果，但随着公司运作的逐渐深入，其发展受到了国有企业形态，传统企业管理体制以及法律、市场环境变迁的影响，与原先的引入制度相比，已经表现出了自身独有的一些特点。这些特点，有些是在企业制度变迁的阶段上表现出来的阶段性特征，有些则已经成为我国国有企业基本制度的构成部分。对于这些特点的认识，是国有企业治理结构分析的第一步。

大型化、集团化国有企业治理结构，是当前国有企业治理结构研究和实践的重点。国务院国资委成立以来，按照“进一步推进国有资本向关系国家安全和国民经济命脉的重要行业和关键领域集中，加快形成一批拥有自主知识产权和知名品牌、国际竞争力较强的优势企业”的要求，通过兼并、收购、联合、改制、破产等方式，实现国有产权的流动、要素的再组合和资源的重新配置，改善国有资产的配置结构和国有企业的组织结构，在国内和国际两个市场上实现了业务的快速扩张，已经形成了一批大规模的企业集团。这些企业集团从表面上看，无一例外都具有资产规模巨大、分支机构和子公司众多、企业职工人数庞大、业务覆盖多个产业等特征。要对国有企业治理结构进行研究，就先要对国有企业集团的性质进行判断。

首先要说明的是，不能仅仅因为国有企业在各自的行业中所扮演的重要角色，就使用垄断来定义、描述，并依据垄断理论来评价这种企业组织。同时，即使垄断能说明问题，这种研究思路也不符合现代企业制度发展的趋势。从单个企业的发展过程看，垄断是发展的一种结果，是特定时期的现象，以现象来说明现象，实质上就是同义反复，对于我们研究微观企业组织并无价值。如果仅说垄断，不具体分析垄断形成的原因，就按照经典理论的说法对现象进行评价，并提出解决方案，无异于削足适履。就国有企业集团而言，如何看待这些企业集团，不仅要根据上述特征简单地作出判断，还必须对这些企业集团中，企业之间的联结机制进行细致的考察。另外，之所以说从垄断出发的研究思路不符合现代企业制度发展的趋势，其原因在于，判断企业是否垄断，是从企业的市场份额和行为上对企业进行区分的，其分析重点不在于企业，而是分析垄断市场的效率。垄断分析更多地局限于特定的行业、特定的区域，通过考察企业在行业和区域中对市场定价的影响力来完成。在这一市场分析中，企业内部构成及其影响、政府以及法律的影响并不在分析范围之内。例如一般认为，垄断企业凭借其垄断地位获得垄断租金，而垄断者为了维护其垄断地位会动用资源进行“寻租”，直到其垄断租金被全部耗尽为止。如果考虑政府和法律的因素来考察垄断现象，我们可以发现，由于反垄断法的约束，企业、政府和社会在长期的相互作用中均发生了改变，尽管垄断租金存在，但实质上的“寻租”成本并没有理论中那么高。一方面，尽管反垄断作为一种自由市场价值观依然得到笃信，但随着市场的扩大，企业通过规模扩大来获得更高的经济效益的手段得到了市场的认可，企业规模的扩大已经成为现代市场经济的常态；另一方面，现代企业的发展，尤其是大企业的发展，实际上早已超越了行业和区域的限制，无论是从跨行业经营来定义的企业集团，还是从跨区域经营来定义的跨国公司，公司运作的各个方面与早期的卡特尔、托拉斯均出现了较大的差异。以企业集团为例，其好处在于，提供了更为有效的企业内部资源配置方式，进而能更为有效地促进资本的集中；有利于促进专业化分工，提高经济效益；有利于推动技术进步，增强市场竞争力。其坏处在于，显然存在着阻碍竞争的可能性。随着经济体系开放程度的提高，企业面对的竞争越来越具有全球化的特征，在这样的情况下，国有企业如果不能形成富有灵活性和竞争力的企业集团，就难以应对竞争的压力。因此，企业集团的出现不仅有其历史的必然性，更有其现实的必然性。正因如此，不能以简单的标准来肯定或否定企业集团，而应该考虑特定的经济发展阶段，通过对企业集团内部治理结构与组织结构的考察，对企业集团自身的运作效率，以及企业集团对市场的影响作出正确判断。

就现实条件而言，国有企业要参与国际竞争，并且要在竞争中逐渐形成自身的竞争优势，构建大型企业集团是急需之举。在我国社会主义市场经济的微观主体中，在市场的自发力量尚不能担当这一使命的情况下，相对于私营企业而言，大量规模巨大的国有企业必然要承担起相应的责任，这是历史的选择。

国有企业的改革，正是基于对参与经济全球化进程的必要性和前提的认识，朝着建设大型企业集团的方向深入推进。目前大型国有企业的现实格局，是在三项重要的改革措施的推动下迅速形成的。一是管理权属的集中，国有资产监管体制的形成，实现了企业国有资产以及国有企业的集中化管理，尤其是由国务院国资委直接管理的中央企业；二是行业集中，突出主业，国有资产向特定的行业集中，进而在这些行业中形成明显的市场优势；三是构建推动管理权限集中和行业集中的基础性机制，即股份制改造。国务院国资委与国有企业的基础关系是出资与被出资的关系，国有企业向指定行业的集中，主要是通过资本市场的运作来完成的。这三项改革措施互为条件、互相配合，从根本上决定了当前我国国有企业的发展进程和格局。

在国有企业的集团化进程中，最引人瞩目的就是中央企业的迅速扩张。在中央企业的扩张过程中，有两个特征是值得关注的。首先，迅速扩大的企业资产规模和利润规模，使得中央企业在其主要存在的产业中扮演着越来越重要的角色。这在客观上决定了这些关系着国计民生的产业日后的发展，必然要更多地依靠中央企业自身的发展。其次，中央企业的重组和扩张有着强烈的国家政策导向。作为国家产业战略布局实现的重要手段，中央企业在特定产业的快速扩张，客观上奠定了两个基础：一是国有企业进行全球扩张、全面参与全球产业链竞争的企业和产业基础；二是在开放环境下，国内产业链延伸以及与之相配合的分配格局形成的基础。这两个基础的形成，对于我国未来内外经济的均衡发展具有重要意义。因此，快速扩张下的中央企业及其企业组织、治理结构已成为国有企业治理结构调整的重点。

### （三）中央企业治理结构影响因素分析

随着股份制改造的深入，中央企业的治理结构正处在一个条件逐步成熟、内容逐步完善的过渡阶段。一方面，现代的企业制度正在以较快的速度被引入中央企业；另一方面，中央企业的运行实际上不能脱离传统体制。治理结构完善的理想模式与现实中隐性的治理结构相互影响，传统氛围与现代因素逐渐融合，构成了中央企业独特的治理结构。

围绕近年来中央企业治理结构的种种变革，对影响中央企业治理结构的主要因素分析如下。

首先，股份制改造所形成的企业投资多元化局面，为中央企业治理结构的完善创造了基础条件。对于传统国有企业进行变革的一个重点，是所有权的多元化，通过所有权多元化塑造治理的合作前提，进而为企业的分权制衡创造条件。在这方面，中央企业进行了卓有成效的变革。主要做法是按照公司法要求进行股份制、公司制改革，具备整体引入战略投资者或整体改制上市条件的优质大型企业，积极推进企业整体改制、整体上市；不具备条件的，要以主营业务资产统一运作，以做优做强上市公司为目标，通过增资扩股、收购资产等方式把优良主营业务资产全部注入上市公司，逐步做到整体上市。同时，通过法律、法规的形式规范企业在股份制改造过程中的行为，在整个改革的过程中，国有资产监管机构发布了大量的条例和规定，规范企业改制。同时，通过上市以及股权分置改革，利用外部市场加强对企业的监管，为下一步引入市场力量奠定基础。以股份制改革为前提，中央企业治理结构由国家单独治理转变为多元股东共同治理，同股同权、集体决策、民主管理、共担监督成本成为股权多元化公司治理的基本原则，企业决策、管理与监督的安排都应在公司法的统一框架内解决。因此，股份制改革实际上为中央企业的公司治理结构完善设定了基本路线。

其次，传统管理体制和行政体制对中央企业治理结构的影响不容忽视。在股份制改革的同时，中央企业的公司治理结构的完善也在试点的过程中。在传统体制下，中央企业在集团一级的公司按企业法注册，实行总经理负责制，未建立董事会，总经理、党组（委）

书记一肩挑；部分成立了董事会的国有企业，董事会、经理和党委会高度重合的情况也普遍存在。为了改变这一情况，中央企业在以下四个方面进行了试点：一是建立健全外部董事制度；二是企业董事会履行部分出资人权利；三是建立职工董事制度。董事会制度的确立和完善，对于中央企业治理理念的转变、治理结构的完善、企业决策权和执行权的分离、决策与管理水平的提高均有积极意义。同时，也应该注意到，在现代企业制度的落实和完善过程中，原有企业管理体制与新体制之间的磨合还需要一定的时间。

再次，引入资本，尤其是外资在中央企业治理结构中扮演的角色越来越重要。在中央企业股份制改革的过程中，通过股权多元化的方式来形成中央企业共同治理的基础是主要的手段。但在改革过程中，无论是职工持股、管理层收购（大中型企业明令禁止），还是国有企业相互持股，不仅在国有资产转让方面存在这样或那样的问题，而且在治理效果上也欠佳，不仅在较短时间内不能为企业治理带来明显的变化，长此以往还会造成企业经营理念落后、战略眼光缺乏、市场竞争力弱化。因此，引入外部资本是中央企业股份制改造的重要措施。在民营资本和国外资本的比较和选择过程中，由于外资在资金、管理和技术方面的绝对优势，我国中央企业的股权多元化与治理机制完善，是在外资的参与下完成的。大量的中央企业在海外上市，引入战略投资者，迅速改善企业经营效率，取得了良好的效果。

最后，在管理集中和行业集中过程中进行的资产重组、企业合并行为的非市场化特征较为明显。由于产权交易市场发展滞后，市场化交易手段在现实中的采用不尽规范，国有企业在进行管理集中和行业集中改革的过程中，不得不限制市场化产权交易手段的使用，而更多地借助于包括行政手段的非市场化手段来完成。托管、资产划拨、企业合并等手段在中央企业的集中化过程中被频繁采用。由此形成的大型企业集团，尽管规模巨大，但市场化基础却很薄弱。而一个依赖行政措施形成的企业集团，在今后的经营中，由于内部并未形成规范的交易环境与制度，并未产生独立的交易主体，所以很难形成自身的内部控制和风险管理能力。

这四个方面的特征是对中央企业治理结构的一个粗略勾勒，从中可以发现，目前的治理结构中依然有非常明显的政府影子。同时，利益相关者也并非像理论中所描述的那样多元化，而是存在着明显的且相互联系的强势利益群体，其自身的诉求足以影响中央企业的生产和经营，与理想的治理结构模式相去甚远。

尽管中央企业公司治理结构处于起步阶段，规范公司治理的基本制度还不健全，新旧体制的协调还需要调整与磨合，分权制衡功能的发挥还有待于企业、监管与市场等三个方面的协调配合，但从运行指标上看，中央企业已经表现出了良好的经营业绩。这充分说明了中央企业管理集中改革、产业集中改革和股份制改革产生了明显的效果。但仅就股份制改革以及公司治理结构的完善方面采取的措施来看，目前的效果还难以判断。股份制的目的在于创造治理的合作基础，其推进程度只能决定治理机构完善的可能程度，股份制是否合理，其对于本企业效率的影响如何，最终要通过一个完善的、规范的治理结构才能表现出来。对于中央企业来说，目前只有一些试点的个体案例，个案的成功或失败有其偶然的因素，不能反映治理结构与股份制，以及企业经营效率之间是否存在必然的相关关系，因此其效果还难以判断。对于这一问题的实证分析，还缺乏总量数据的支撑。

## 三、国有企业治理与风险控制的关系研究

企业治理要在风险控制中扮演积极角色，必须具备两个基础：一是利益相关者的共同治理，以此为平台和渠道，实现企业内部风险向外部转移；二是必须确保企业内部通过交易方式来配置风险的市场基础。治理结构越完善，风险在治理层面上体现得越少；反之，在管理的基础性机制不健全的基础上，风险主要是治理问题。风险的分散或分担是需要成本的，市场交易的方式是风险分散成本得到恰当体现的基础性机制，如果不存在市场机制，则风险就存在被高估或低估的可能性，即存在风险交易成本扭曲，此时风险的稳定配置机制必须通过交易双方的谈判来实现。这种通过谈判来实现的风险配置就是风险治理。

当前阶段，国有企业风险控制的根本是风险治理。其原因在于，国有企业风险控制的根本，是缺乏一个恰当的向外分散风险和内部配置风险的治理结构平台。与理想的公司治理结构模式相比较，国有企业的治理结构尚不完善，从表面上看是相关的制度缺失和组织缺陷，实质上则是缺乏必要的、对等的利益群体与国有企业共担经营风险。国有企业在改制的过程中，面对的风险是双重的：一是要面对市场的外部冲击，这与其他企业是无异的；二是要应对改制所带来的潜在风险因素。风险类别多、影响范围大，要解决这些问题，无外乎两个思路：一是找到能够并且愿意与企业一起共担风险的利益相关者，通过建立稳定的联系来实现风险的分散；二是企业自身不断提高应对风险的能力，只要应对风险能力提高的速度快于企业风险累积的速度，风险就在企业可控制的范围之内。

就前一种思路看，企业的风险分散配置要求企业的利益相关者，具有与分担企业风险相匹配的能力。而从现实的情况看，无论是国有企业的职工、管理层，还是外在的投资者（内资或者外资），均无法担当国有企业风险分担者的角色。这一问题在国有企业改制的过程中表现得非常明显。职工内部持股可以在一定程度上解决激励问题，但从风险控制的角度看，内部持股机构及其所代表的职工群体，由于其集体行动高昂的行动成本，不可能成为企业风险分散的对象。对大型国有企业而言，资产规模普遍较小、存续时间短的民营企业缺乏成为战略合作者的基本条件；即使符合条件，民营企业在介入过程中可能出现的不确定因素，在很大程度上也会阻碍其成为战略合作者。因此，从风险分散的角度去看国有企业的改革，中小型国有企业的改革还可以以某种特定的方式，找到风险分散和分担的途径和机制，而大型国有企业的改革则呈现出完全不同的局面。在市场微观经济主体发育水平尚且不足的情况下，规模和组织内部的复杂程度，远远超过市场一般水平的大型国有企业改革，无论是股份制改制还是治理结构的完善，都难以找到合格的利益相关者。在没

有合适的利益相关者合理配置风险时，股份制改制将流于形式，很难深入下去，企业治理结构所要达到的共同治理目的，也无法落实。由此形成的企业治理风险将是根本性的，无法通过任何风险管理工具加以化解或缓解。

在缺乏外在的风险分担者的情况下，通过管理集中、行业集中和企业组织结构的转变，以提升自身处置风险能力来进行风险控制，这是理性的选择。随着中央企业规模越来越大，集中的正面效应便会逐渐显现，企业的经营效率就会获得很大的提升。从风险的溢价观点出发，一方面，中央企业通过规模扩大所产生的正面效应，是交易叠加所形成的风险溢价累积的结果。这种累积在经济高涨时，可以形成巨大的经济效益；在经济衰退时，会表现为同样巨大的经济损失。另一方面，通过合并方式形成的风险溢价内部化，实质上是不断地将风险因素内部化、非市场化的过程。在这一过程中，对于一个单一的组织而言，风险不断地在组织的各个环节中累积。例如，采用金字塔式的企业组织结构，自上而下地通过内部行政命令的方式来配置风险。在假设风险决策理性的情况下，如果组织采用非市场手段对风险进行配置的行为超过了一定的界限，行政成本超过了配置的风险溢价，则组织本身的风险配置功能就会失效，这时企业的组织结构就会发生变化，就会重新恢复内部交易的风险配置功能。这一变化的过程实质上就是行政命令式的风险配置方式，逐渐被市场化配置方式取代的过程，只不过这一市场化配置过程是在组织范围内完成的。从交易风险配置功能的角度出发，企业组织从单一的古典企业向现代股份制企业演变，从金字塔组织形式向事业部、母子公司等分散组织形式演变，均可以得到说明。这一过程会产生两个效应：一是由于国有企业内部配置风险效率较高，企业的自我封闭性得到加强，通过外部市场进行风险分散的动力会降低，甚至会利用外部市场的力量来进一步加强其内部风险分散的能力；二是这一非市场化的风险配置是有上限的，换言之，当企业规模达到一定水平时，企业内部组织一定会发生变化，如果没有公司治理结构的演进，原有的企业治理机制就会使风险在企业的各个环节上不断积累，进而阻碍企业规模的进一步扩大。风险的积累会形成国有企业组织结构转变的压力，超过特定规模水平的企业内部风险配置，将由非市场化形式回归到市场交易形式。这样，随着企业规模的扩大，内部风险交易的市场化发展趋势，将会形成完善企业治理结构的内在需求。

大型国有企业当前的风险管理问题更多地表现为风险治理，其原因在于当前治理机制的临时性和过渡性。一个完善的治理结构是国有企业能够实现通过交易来配置风险的前提。由于缺乏与之相匹配的风险分担者，目前大型国有企业，尤其是中央企业进行的股份制改革并不是实现企业治理结构完善的最终目的。但因为治理结构提供了企业配置风险的基本制度平台，越是大型的国有企业，出于通过组织调整来形成内部市场化风险配置的需要，出于通过与利益相关者之间的交易来分散风险的需要，对于企业治理结构的要求更加明确和急切。

## 第二节　国有企业风险治理

在短时间内难以形成较为完善的治理结构的情况下，客观上必然要有相应的主体来承担大型国有企业风险决策和内部风险配置的任务。这是当前国有企业风险治理的现状。对于这一现状，以下几个方面是值得我们关注的：①当前国有企业风险分散的主要利益相关者有哪些？②当前国有企业风险治理的主要机制是什么？③当前国有企业风险治理要面对的主要风险是什么？

### 一、国有企业风险的共同治理

监管制度、国有企业组织制度、外部政策与金融环境构成了国有企业基本制度的三个有机组成部分使得国有企业进行风险治理时，会产生以下几个共同治理的利益相关者。

一是国有资产监管机构及其所属的资产经营公司（以下简称“监管机构”）。按照《中华人民共和国国有企业国有资产法》的规定，监管机构作为政府的派出机构，履行出资人的责任。监管机构是国有企业共同治理的关键性利益相关者，其在企业风险治理中的偏好和主体地位已经由法律决定。虽然监管机构参与风险治理，也具备影响风险配置的手段和能力，但监管机构并无承担分散风险的能力。除非在极端性风险事件发生的情况下，监管机构才可以在严格授权的情况下，动用国家资源来化解企业的风险问题。也正因为如此，监管机构在风险治理的过程中，更倾向于在企业内部分散风险。就国有企业的风险治理而言，监管机构是风险治理的“虚拟”参与方和“最后”参与方。

二是国有企业自身基本制度塑造的、具有谈判能力和风险承担能力的利益相关者（以下简称“内部人”）。这是企业风险内部分散的一个重要主体，就其参与风险治理的基本倾向看，这部分利益相关者倾向于向外分散风险。主要包括两个部分。第一，特定的利益群体。利益群体对风险的认识和对风险的承受能力是影响企业对待风险态度的重要因素。就一个拥有数十万甚至上百万职工、数千亿元资产的国有企业集团而言，这样的利益相关者是可能存在的。大型国有企业自身基本制度塑造的这些利益相关者，由于所处的层次较低以及诉求的不一致，并不一定能在整个企业治理结构层面表达自己对企业风险治理的意见和看法。即使能够表达，由于自身能力的限制，他们也未必能够真正参与风险分担的机制。就国有企业的风险治理而言，这些利益相关者是风险治理的“潜在”参与方。只有当企业整体的风险决策影响到他们的自身利益时，他们才有足够的动力采取集体行动，影响企业的风险治理。第二，企业内部因组织机构设计而存在的独立经济实体。这些组织是在企业内部风险配置中进行交易的主体，在风险治理的层面上，组织实体因其在企业内部风险配置中的重要性而具备不同的权利。

三是为国有企业创造倾斜性政策环境的政府部门。具有导向性的产业政策和投资政策，构成了国有企业倾斜性政策环境的主体内容。实施这些政策的部门同样具有影响国有企业风险决策、分散的能力。就国有企业的风险治理而言，政府部门是风险治理的“环境”参与方，即相关政府部门并不实际地参与国有企业风险治理的过程，但相关政府部门影响国有企业各个利益相关者之间的谈判和风险估价。与监管机构一样，政府部门在为企业风险治理创造外在环境时，也倾向于营造企业风险内部分散的氛围。

四是提供政策性金融和金融服务的金融机构。作为专业性风险交易机构，金融机构集中处置风险的能力，使其成为国有企业向外配置风险的主要机构。尤其是银行系统，出于历史和经济活动的原因，其与国有企业的联系非常紧密。与包括银行在内的金融机构进行交易并配置风险，是国有企业风险治理的主要内容。就国有企业的风险治理而言，金融机构是风险治理的“关键”参与方。但是，金融机构之所以愿意并能够承担企业的风险，是因为金融机构在处置这些风险上具有专业的能力，因此可以在集中处置风险的过程中获得回报。这也就决定了金融机构的参与必然是有选择的、权衡的，不可能为企业承担全部风险。

五是资本市场中具有话语权的机构投资者（以下简称资本市场）。实践证明，发达国家的机构投资者对企业治理结构有较大的影响。随着国有企业股权分置改革的完成，国有企业股份制改革向着更为具体的领域深入进行，资本市场上的投资者，尤其是具有话语权的机构投资者对企业的风险治理决策有一定的影响。就国有企业的风险治理而言，由于受资源能力、经营目标、国有企业不完善的治理结构的限制，机构投资者是风险治理的“有限”参与方。

六是引入的战略投资者。战略投资者对国有企业风险治理的参与，有着其自身明确的目的。出于对企业发展的长远目标考虑，战略投资者对于企业的风险控制有着较为严格的要求。就国有企业的风险治理而言，战略投资者是风险治理的“长期”参与方。战略投资者有国外和国内、国有和民营两种分类，从目前的情况看，国内的其他国有企业、国外的战略投资者是引入的主体。战略投资者对于企业的认识和投入程度，直接决定其参与风险治理的基本态度。

七是企业所处的地区或社区（以下简称社区）。这也是国有企业风险治理的“潜在”参与方。国有企业风险事件的发生，其影响不仅涉及企业自身，还会对企业所在地区的经济和社会发展产生影响。社区必然要承担企业风险的后果，同时社区在企业风险治理中不一定具有话语权。

在当前情况下，国有企业风险治理的七个参与方，真正同时具有谈判能力和风险承担能力的只有金融机构和战略投资者。监管机构、政府部门尽管对国有企业的风险控制具有话语权，在特定的情况下，甚至具有风险配置的绝对能力，但其本身并不承担风险（或者并不以市场认同的方式承担风险）。而社区虽然要承担风险，但存在话语权缺乏合法基础的问题。这一分析具有以下含义：其一，当前的国有企业风险治理，承担风险的主体过少；

其二，承担风险能力与参与风险治理能力不匹配是国有企业风险治理中的最大问题。以上两个因素决定了目前国有企业风险治理的参与方参与风险治理的能力有限，风险承担主体过少并不利于企业向外分散风险。在这种环境下的企业风险治理，必然偏向封闭。

实际上，风险治理的参与方就是国有企业治理的参与方。在治理结构中，各方参与企业治理的权利和回报的获得来自参与方对于企业投入的大小。投入越多，参与越深，相应的权力和回报也越大。从风险治理的角度看国有企业的治理结构，可以发现，对企业在不确定性环境中的决策而言，除了金融机构和部分战略投资者外，参与决策的话语权在各方的分配，与各方承担风险的能力不匹配。虽然参与的一方在企业向外风险分散的过程中承担了风险，但这种承担并不以参与方在企业中的投入份额为基本依据。国有企业最大的问题在于，参与风险治理的各方中存在较多的无承担风险分散能力的主体。

## 二、国有企业风险治理的机制

在上述七个风险治理参与方共同参与的情况下，国有企业的风险治理机制主要应包括以下内容。

第一，国有企业风险治理的关键性参与方是监管机构、金融机构、内部人和战略投资者，但它们均在不同程度上存在着参与权力的缺陷。当企业向外分散风险决策时，内部人由于缺乏相应的能力，难以对交易配置风险过程产生实质性影响。这时的关键性参与方就是监管机构、金融机构和战略投资者。对于三个关键性参与方来说，金融机构和战略投资者由于具备风险承担能力，是实质上的治理参与方；监管机构没有风险承担能力，是虚拟的参与方。就内部交易配置风险来说，监管机构、“内部人”则是关键性参与方。

第二，国有企业风险治理的主要问题，包括两个方面：在风险向外分散方面，风险治理必须决定企业向外分散风险的类别、规模和交易方式；在风险内部配置方面，风险治理必须决定企业内部配置风险的类别、规模、结构和交易方式。对国有企业风险控制的评价，也包括上述两个内容。

第三，无论是向外分散风险还是内部配置风险的过程中，国有企业的风险配置均表现出明显的指向性。通过交易的方式配置或分散风险，是一个博弈过程。而博弈的均衡则取决于双方的信息结构和博弈能力。在风险向外分散的三方参与过程中，由于监管机构并不具备风险承担能力，因此表面上的三方实际上只有两方，即金融机构和战略投资者，而监管机构则是金融机构和战略投资者就企业风险向外分散进行博弈的“规则制定者”。如果监管机构以国有企业资产价值最大化为目标，则风险分散以金融机构为主较为恰当；反之，如果监管机构以国有企业价值最大化为目标，则风险分散以战略投资者为主较为恰当。而国有企业风险内部配置的过程，则是在监管机构制定的规则之下的“内部人”之间的博弈过程，具有较强风险承担能力或较弱谈判能力的“内部人”往往是风险承担的主体。

第四，在内部和外部风险配置的权衡中，国有企业倾向于内部风险配置。由于外部风险分散的渠道较少，过多的企业风险向为数不多的外部渠道分散，容易导致在特定环节的风险过度积累，因此，在监管体制约束下的国有企业更倾向于内部配置风险。要实现内部风险的配置，国有企业不仅必须建立起较为完善的内部风险控制体系，更为重要的是，还必须让“内部人”具有相应的风险承担的意愿和能力。所有这些因素，都构成了当前国有企业治理和管理体制改革的动机。

第五，国有企业通过内部交易的方式实现风险的配置，所依托的交易机制，除了市场化的交易机制外，在重大交易方面，还存在行政体制保障。为了实现监管目标，监管机构为国有企业内部风险配置所设定的交易规则必须有切实的机制保障实施。当监管目标与企业运作目标一致时，市场化的手段就可以确保监管目标的实现。而当监管目标与企业运作目标存在差异且交易关系重大时，行政机制的保障就起到重要作用。从另外一个角度看，在缺乏合格的内部风险交易主体的情况下，国有企业通过内部交易来配置风险的行为，是没有交易市场基础的。此时企业内部配置风险，更加依赖于行政机制。

第六，大型国有企业和企业集团资产规模巨大、涉及领域广泛、交易结构高度复杂等因素，致使企业面临的总体风险规模上限也具有极大的不确定性，在这样的情况下，稳定、快速的外部风险分散机制对于大型国有企业具有重要的意义。在市场化机制缺乏或者不可用的情况下，政府拥有的物质资源和政策资源，成为国有企业最重要的外部风险分散机制，其存在和“潜在”的功能会产生两个可能的结果：其一，政府在恰当的时点以恰当的手段介入国有企业的风险分散，可以缓解国有企业内部风险配置的压力和外部风险分散的困难。其二，政府不当介入（手段过于轻微或激烈、时点选择不当、方式选择不当等）或者国有企业在政府介入预期影响下形成过多的风险投资（道德风险），会进一步加深国有企业的风险治理困难。两种功能最后产生的结果方向相反，究竟哪一个结果的影响更大，既取决于国有企业的内部配置风险的能力，也取决于政府介入国有企业风险分散过程的意图、手段和行动能力。

## 三、主要风险类别

国有企业的风险控制问题，并非仅仅包括管理、工具层面上的风险管理，还涉及更为本质的风险承担主体的培育和稳定的风险分散、配置机制的构建问题，即在改制的过程中因机制不完善导致的治理风险，对于这一类风险的讨论已经超越了管理层面，涉及风险管理基本机制的构成问题。因此，对国有企业风险治理中面临的主要风险类别的探讨，也必然与风险管理层面有所差异。管理层面的风险类别探讨与风险存在领域、产生的原因和可控制性有关；而治理层面的风险类别探讨则与治理过程中的不确定性因素，例如治理的基础、过程和主体等因素直接相关。这是在国有企业特有风险治理条件下的派生风险，与一般的市场风险相比，对国有企业改革的影响更大。一般的市场和企业特有风险仅仅会导致经营失败，而治理风险则会导致企业治理失败，这是两者的区别。就联系而言，一般的市场和企业特有风险会影响企业治理各方的判断，进而影响风险治理，如果风险治理本身存在缺陷，则治理风险就会随之产生和积累。因此，对于国有企业风险的分析，必须关注与风险治理相关的风险因素和类别。

企业内部风险配置包括两个紧密结合的因素：企业组织架构和企业风险治理。从这两个方面看，在国有企业风险治理的分析中，主要风险类别包括以下几种。

### （一）主体缺失风险

风险管理之所以能有效应对企业经营过程中所面对的不确定性，实现风险溢价，一个基本的制度保证就是企业风险治理的参与各方作为有效风险分担主体，能够在法人治理结构的约束下，在维持权利和义务的动态平衡过程中，实现风险共担与收益共享。不具有相应实力、责任与权利对等的风险承担主体，是国有企业风险治理无法发挥功效的最大限制因素。表现在国有企业风险控制的过程中，就是风险承担主体“空壳化”，即名义上企业治理的部分参与方，实际上不能或只是有限度地参与企业风险控制的过程，而能够在企业风险控制决策中扮演关键角色的参与主体，又缺乏必要的风险承担能力。企业在法律上的风险承担主体，例如企业法人本身，在实际中并无明确的指向。这样的主体缺失风险反映在风险决策上，表现为无人决策情况下的企业规避风险行为，或者无人监督情况下的企业任意介入高风险活动现象；反映在内部风险配置过程中，则表现为市场化定价过程、外部风险分散的谈判过程都缺乏规范的参与方，市场化机制难以发挥作用。

从风险角度理解大型国有企业改革，可以发现，股份制改革所要应对的问题，正是主体缺失风险。在国有企业改革前期，改革的目的在于解决国有企业活力不足的问题，而所谓活力不足，即国有企业作为一个经济主体，无法对风险溢价的积极变化作出恰当、快速的反应，国有企业在整个市场快速扩张的过程中无法获取与自身实力相当的回报，甚至因为应对失当、风险溢价被“内部人”攫取等，实际回报为负。在国有企业做大做强的今天，风险问题的凸显，实质上同样反映的是国有企业在面对风险溢价的负面变化时，无法作出恰当、迅速的反应。

通过股份制改造（例如整体上市），可以为大型国有企业引入恰当的战略投资者和外在资本市场的约束，为国有企业的风险治理塑造有效的参与方，进而解决风险治理主体缺失风险。无论国有企业最后实现的股份制形式如何、混合所有制的具体内容是什么，股份制要塑造的，就是有效的风险治理参与方，这是股份制改造解决企业风险治理问题的根本所在。但是，股份制并不是万试万灵的，风险管理也并非设立一个专门的风险管理机构了事，而是事关企业法人治理结构如何应对不确定性的问题。只有让股份制对企业风险控制产生正面的积极效应，股份制改革的真正目的才有可能实现。同时，不同的股份制，形成的风险治理的结构和模式也是不同的。

### （二）内部交易定价机制行政化风险

国有企业通过内部交易的方式配置风险，并不意味着内部交易是一个非市场化的过程。相反，内部风险配置必须通过市场化的交易方式来完成。这一在企业内部发生的交易过程，与完全市场化的交易过程相比较，尽管存在交易对象稳定化好、交易达成的可预见性好和交易成本的可控性强等优势，但在组织化框架下进行的交易同样需要对交易的风险溢价进行配置，只不过这一配置过程是在更强的约束条件下完成的。因此，对于国有企业内部风险配置的判断与评价，一方面要看配置过程是不是一个市场化的过程，另一方面要看内部制度环境是否有利于市场化的风险配置过程。

就第一个方面而言，要研究两个问题：一是国有企业的组织形式，二是国有企业风险治理对内部交易规则的设定。首先，国有企业的内部风险配置也依赖于一个特定的企业组织形式。大型国有企业经过多年的市场化改革，其企业组织结构已经和市场化的商业组织相差甚少。企业内部次级结构根据企业价值链的构成进行了关键的改革与调整，通过内部交易配置风险的企业内部基本市场机制已经形成。其次，由于风险承担主体的缺失，风险治理本身的不完全，企业内部交易规则的设定条件仍有缺失。其中主要包括以下几个方面：①对内部交易配置风险的基本共识；②风险在企业内部次级结构的配置条件，即对什么样的风险可以交易，什么样的主体可以进行风险交易等问题的回答；③交易的形式界定和制度约束；④交易的风险定价技术和模式。这些制度条件的缺失，使已经形成的市场化组织难以发挥内部配置风险的职能。

市场化交易手段的缺失，并不意味着国有企业就不能在企业内部配置风险，只是风险配置的手段被其他方式所取代。从当前国有企业改制和规模扩张的情况看，利用行政化的定价机制是取代市场化交易手段的主要方式。现阶段国有企业之间的合并、重组，行政主导的色彩较浓，由此形成的企业集团，尽管具有较为现代的企业组织形式，但内部市场化交易规则的设定缺乏相应的制度基础。一方面是现代的、要求以市场定价为基础的商业组织结构；另一方面则是行政色彩浓厚的风险治理，两者之间的矛盾显而易见。定价机制行政化可能产生的问题主要有：其一，风险定价与市场定价背离，无法反映企业所面临的真实风险情况；其二，风险定价由市场定价的多方参与演变为行政化定价的单方面决定，定价过程无法反映参与企业治理的各个利益相关者的诉求，更无法形成有效的内部风险配置机制。

### （三）内部风险错配风险

一般而言，商业化组织的内部风险配置，要实现风险的类别、溢价的规模以及内部风险承担主体的风险承担能力的匹配，特定的风险类别应当由特定的内部次级组织或利益群体来承担，在类别一定的情况下，风险溢价规模与内部风险承担主体的风险承担能力正相关。大型国有企业由于其规模的巨大，可以通过组织内部交易的方式来实现风险溢价的内部化。但同时，大型国有企业在内部风险配置结构方面也存在缺陷，主要表现在以下方面。

首先，行政化的风险定价机制使得风险的真实情况难以把握，提高了风险错配的可能性。风险溢价的正负性、规模，直接决定了风险配置的方向和结构，如果对这一基本问题产生错误的认知，必然会发生风险错配。

其次，国有企业改制进程中的内部“制度洼地”，提高了风险在国有企业内部错配的可能性。所谓内部“制度洼地”，是指国有企业为了提高经营效率，对内部组织结构和经营模式进行调整与完善时形成的、具有较高经营效率的内部次级组织，例如上市公司、具有优良资产的企业部门等。这部分次级组织，由于经营效益较好，因此具有较强的风险承担能力。在缺乏完善的风险治理机制情况下，行政化的内部风险配置机制会有倾向性地将风险配置给这些次级组织，造成企业风险在这些次级组织中的过度累积。当风险溢价为正时，此类次级组织的收益巨大；而当风险溢价为负时，其损失也非常大，甚至超过其承担能力。风险配置需要成本，将风险专一地配置给企业内部特定的次级组织，也就意味着将企业资源更多地向这一次级组织配置。这是一种非常简化的企业内部风险配置方式，其问题在于，与市场化风险配置机制强调风险与能力匹配这一点相比较，企业内部资源配置在风险配置的影响下，会出现非均衡的、与次级组织能力不相匹配的集中，在特定的情况下，可能会形成资源错配。

### （四）风险控制封闭化风险

在当前的国有企业风险治理形态下，在内部风险配置和外部风险分散之间，内部风险配置已经成为监管机构的选择。监管机构作为国有企业风险治理的主要参与方，可以采用直接持股、委托资产经营公司持股等方式参与国有企业的风险治理，尽管从法律框架下看，无论哪一种方式均具有其合理性，但监管机构的最大问题在于其不能直接承担风险。就风险治理的实质而言，监管机构参与风险治理决策却不负有承担风险的责任，责任和权力严重不对称，这既不利于风险决策，也无形中减少了国有企业分散风险的渠道。在具备风险承担能力的战略投资者缺乏的情况下，国有企业的风险控制要实现既定的目标，内部风险就成为首要的选择。

国有企业风险控制的封闭化有可能产生如下结果。其一，出于对内部风险配置的需求，国有企业规模趋向于过度膨胀，而过度膨胀的企业又对企业组织结构和治理结构产生影响。一方面是企业组织机构的高度复杂化，另一方面是风险治理机制运行效率的降低，两个方面的因素结合起来导致企业内部风险配置的成本上升和效率下降。其二，风险控制对专业化和风险承担能力的要求，使得国有企业内部易于滋生相对独立的利益群体，这部分利益群体依靠在风险控制方面的技术或能力优势，左右企业的资源配置，进而影响企业的经营效率。其三，随着规模的扩张和企业内部风险配置格局的形成，封闭化的国有企业风险治理具有不断加强的激励作用，最终会形成对企业风险治理外部参与者的排斥与抗拒。

# 第七章　国有企业群体风险控制

## 第一节　国有企业群体风险类别

国有企业群体的风险控制，既需要关注风险源，也需要研究传导机制。其中，对于风险源的关注和研究是国有企业群体风险控制的起点，也是当前在宏观层面上对国有企业群体进行监管的重点所在。对于风险源的研究，包括两个层次：一是分析和评价国有企业群体所面对的不同类别风险的程度和影响，在这一层次中，应该重点关注具有普遍性和一般性的风险类别；二是分析和评价不同的产业类别中国有企业所面临的风险，这属于产业风险的具体研究。限于篇幅和研究重点的考虑，本节对国有企业群体风险类别的探讨，主要从第一个层次展开，对第二个层次的风险仅作概要性描述。概括来看，当前具有普遍性和一般性的风险类别主要包括政治风险、金融风险和产业风险三类。

### 一、政治风险

政治风险是指国有企业群体受政治因素影响，而形成的整体性企业经营绩效的波动。主要包括两个层次：一是国内因素形成的政治风险，即因国有企业改革和国有经济总量的扩张，而形成的国有企业在国民经济中重要性的变化，以及由此导致的相关政策调整对国有企业经营造成的影响；二是国外因素形成的政治风险，即国有企业海外投资形成的经营实体，受他国政府政策、政治格局变动的影响。

在当前形势下，国有企业群体，由于政策调整以及宏观经济的影响，所面对的政策风险是较大的。宏观调控政策的变化以及较大规模的企业重组与整合，使得整个国有企业群体经历了较大的不确定性，尽管营业收入和利润水平在上升，但企业之间，尤其是中央企业与地方企业之间的差距也在加大，身份不同，经营效率、效益不同的趋势越来越明显。

随着国有企业越来越多地参与国际市场，其他国家的政治格局与政策变动也对国有企业的生产和经营形成了较大的影响。国际政治风险多具有突发性和不确定性的特点，它可以由国家或地区间政治、经济或宗教等多方面的原因而触发，其发生往往无法预料，会给企业造成巨大的意外损失。随着经济全球化深入发展，国际经济环境中贸易保护主义的抬头，参与国际投资与贸易的国有企业群体也必将面临更多的政治风险。无论是因贸易壁垒、劳动关系，还是投资或出口国的政治动乱所引起的政治风险，其应对不仅考量国有企业的危机应对能力、能否运用市场化政治风险应对机制等微观因素，更取决于整个国有企业群体以及监管机构对政治风险的认识和预警机制是否完善。

## 二、金融风险

国有企业群体面对的第二个具有一般性和普遍性的风险因素是金融风险，其主要来自三个方面：一是国有企业在日益国际化的经营环境中，因运用复杂金融工具不当导致的金融风险；二是国有企业个体的金融风险通过传导机制，在整个国家金融体系内部累积形成的宏观金融风险；三是国际资本市场波动对国有企业资本经营形成的冲击。

在金融危机中因不当运用复杂金融工具导致的金融风险，已成为涉足国际金融市场交易的国有企业中一个较为普遍的现象。也正因为如此，国有资产监管机构才出台了相关文件，以规范国有企业运用相关金融工具的资本经营行为。就国有企业而言，内部风险管控机制不完善、对复杂金融工具认识程度不高等，都是导致这一现象产生的原因。随着企业相关机制的完善、风险控制技术水平的提高以及人员素质的提升，风险产生的概率会逐渐下降，因此，此类金融风险是一种短期风险。为什么在监管严格的国有企业群体中出现如此普遍的违规操作行为，以及当违规操作带来巨大浮亏直接影响企业的正常生产经营时，监管机构和政府应当如何应对，都是值得关注和研究的问题。

由此涉及了第二类金融风险，即国有企业个体的金融风险通过传导机制传导，在整个国家金融体系内部累积所形成的宏观金融风险。当前各级政府采取各种手段，例如倾斜性的产业政策、政策性金融（低息贷款、鼓励大企业利用股市筹措资金、鼓励和允许大企业经营金融业等）、税收优惠和技术补贴等措施，加快大企业、大集团的发展。可以预见，在强力型政策措施的扶持下成长起来的大企业、大集团，对政策和金融支持的依赖很强，与政府和金融体系之间的联系很紧密。在这样的情况下，尽管企业随着规模的扩大也具备了更强的内部风险处置能力，但一旦个体企业的风险控制不当，风险就会通过企业与金融体系和政府的联系渠道传导到金融体系中，进而在金融体系内部累积，当某种外在的诱因起作用，诱使此类风险爆发，它就会转化为宏观金融风险。因此，应对此类风险的方式如下：一是对大企业、大集团的发展设限，例如限制其非相关多元化，严格控制其海外投资，限制大企业、大集团进入金融业等；二是在推进大企业、大集团发展的过程中，在大企业、大集团与金融体系之间的联系渠道上设置必要的阻断机制，防止风险的快速传导和汇聚。

随着信息技术在金融业的推广，金融创新正在深度和广度上快速发展，金融产品迅速增加，金融市场的规模日益扩大，复杂程度也快速提高。在更为严格的金融规制下，金融创新将改变过去不规范、难以控制的局面，向着规范、易操作和可控制的方向发展。在这样的情况下，传统的生产性企业要维持自身经营状况的稳定，就必须借助现代的金融工具来加以实现。介入波动幅度较大、充斥复杂金融工具的国际资本市场必须学会面对金融风险，这是我国国有企业群体必须迅速学习，并加以适应和调整的地方。

### 三、产业风险

产业风险包括两个层次：一是产品市场变化与产业发展的自身规律导致的企业经营风险，这是微观层面的行业风险；二是国有资本在各个产业中非均衡投资所导致的产业非均衡发展，以及宏观经济形势变化对产业发展现有格局的冲击和影响。对于国有企业群体而言，有必要深入研究产业风险。

无论从规划上看，还是从实际发展的情况上看（资产规模与分布、企业户数与分布、利润及分布），当前国有企业在发展过程中，向能源、原材料、通信等国民经济运行的基础性行业集中的特征均十分突出。同时，在制造业、生产性服务业等当前国民经济的热点产业中，国有企业也有广泛的分布。这与当前我国以工业为经济增长主导产业的发展思路是吻合的。

由此也产生了两个问题：第一，在监管机构不能对处于多个领域内的企业进行有效监管的情况下，监管机构会倾向于采用简单的行政化命令的方式，限制企业进入新的产业，这样会对企业的经营活力形成负面的影响。因此，在是否限制主业这一问题上，监管机构的监管存在两难：不限制，存在监管障碍；限制，则会形成经营障碍。第二，国有资产过度集中于某几类行业，甚至是几个企业，整个国有资产的经营受这几个行业市场风险和企业操作风险的影响也会随之提高，特殊的企业风险和具体的产业风险扩大为整个国有企业群体风险的可能性也较大。同时，在国内经济增长方式转变的进程中，如果当前庞大的国有资产过多地存在于以工业为主的产业中的态势没有得到调整，势必会形成对经济增长转型的强大阻力。

国有企业群体所面对的产业风险，实质是由企业国有资产的监管机构所设定的、企业国有资产发展目标所决定的。对国有企业控制力目标的要求，使得国有企业在涉及国民经济运行的基础性行业中重点布局；对国有资产保值增值目标的要求，激励国有企业进入高利润行业。当过多的国有资产和过多的国有企业集中在寥寥数个产业中时，具体的产业风险必然会成为整体国有企业群体需要面对的风险。

## 第二节 国有企业风险传导阻断机制研究

国有企业群体所面对的风险，无论是政治风险、金融风险还是产业风险，都有一个逐渐积累的过程。在这一过程中起关键作用的就是风险传导机制，一旦风险传导机制有利于风险的传导和积累，单个国有企业、某个产业所面对的具体风险就会演变为整体风险。因此，有必要对风险传导机制进行专门的分析和研究。

结合对于风险传导机制的一般分析，国有企业风险传导机制具有无边界性和集成性等特征，为阻断个体企业的特定类别风险在国有企业群体内部形成自下而上的积累，需要在风险传导机制的关键点上设置阻断机制。同时，由于国有企业群体作为一个整体要服从国民经济发展以及宏观调控的需要，因此，也需要设置阻断机制，阻断宏观层面的风险自上而下地传导。从目前的国有企业微观企业制度和监管体制出发，可能的阻断机制应该在以下三个方面存在。

第一，国有企业微观企业制度，尤其是风险控制制度，应该成为风险积累和传导的第一层次阻断机制。国有企业作为独立的市场经营主体，其经营行为的不确定性应当由企业自己在由合同所规定的企业边界范围之内加以承担，这是市场经济对国有企业的基本要求。同时，在当前的监管体制下，国有企业的制度设计也倾向于在国有企业内部处置风险，以免风险超越企业边界进行传导。在这两方面因素的影响下，国有企业微观企业制度必须成为风险承担的第一个层次。国有企业的制度设计不仅要创造和吸纳更多的正风险溢价，也要能够承担和消化更多的负风险溢价。

第二，国有资产监管机制以及专设的风险预警和控制机构，应该成为风险积累和传导的第二层次阻断机制。当国有企业面对的风险已经超过自身可以承担的范围，通过内部交易来配置风险的空间已经用尽时，通过国有企业相关者之间的利益“纽结”来向外分散风险就成为企业的必然选择。在风险分散的过程中，监管机构成为风险决策的主导方，其控制风险传导的能力将直接取决于监管机制以及监管方参与企业治理的方式。通过必要的制度设计和实施，将单个企业的风险控制在一定的范围内，是监管机制作为风险传导阻断机制应该发挥的作用。

第三，政府的宏观经济调控与社会对国有企业的监督与关注，应该成为风险积累和传导的第三层次阻断机制。国有企业群体所积累的风险是否会向更为广大的社会范围传导，由单纯的经济风险逐渐演变为社会风险与政治风险，还取决于第三层次阻断机制，即政府的宏观经济调控与社会对国有企业的监督与关注。宏观经济调控的主要目的在于应对经济波动与周期，当经济波动发生时，宏观经济调控必须对风险在各个经济部门的分布状态进行判断，以找出合理的调控对象与目标。如果宏观经济调控的决策方——政府认为国有企业群体面临较大的风险，则风险存在向更大的社会范围转移的可能性。因此，有必要在宏观调控层面，设计必要的阻断机制去阻断其传导。在这一阻断机制中，政府、社会对国有企业群体的认识是否相同则起着关键的作用。

对于国有企业群体的风险传导机制研究，包括下文所述的三个部分，分别回答了三个问题：第一，现实的国有企业制度设计倾向于风险的内部处置，但实际的制度运行是否在风险超越企业边界扩散时起到阻断的作用？第二，国有资产监管体制在多大程度上可以使风险在国有企业群体内部扩散的过程中起到阻断作用？第三，当累积的风险超越国有企业群体向更为广大的社会范围传导时，有什么样的机制可以阻断风险的传导？

## 一、微观企业制度

以股份制改革和法人治理结构完善的国有企业制度建设，已经塑造了一大批在法律意义上具有完整企业制度的国有企业群体。以内部控制制度和风险管理机制为特征的企业内部风险控制制度的逐渐完善、风险管理技术的逐渐习得，使得企业自身控制风险具备了基本的制度保障。同时，外在的法律约束和市场监督，使得企业内部风险交易与外部风险分散均有了规范而有力的约束。从基本的制度构架上看，国有企业群体并不具备越过企业边界向外传导风险的制度空间。

在国有企业群体中，不同级别的监管机构之间、中央企业之间、地方企业之间、中央企业与地方企业之间，相互持股、相互投资、互派高层管理人员的现象非常普遍。一个地方、一个产业中的国有企业之间往往有着投资、经营、人员等千丝万缕的联系。在这样的利益联系之下，股份制改革所追求的多元化投资主体，企业风险治理所要求的合格的利益相关者，均无法实现。在相互持股的情况下实现的股份制，只不过是传统国有企业由政府部门持股的一个变形，而在互派高层管理人员的情况下形成的企业治理，只不过是过去部门管理的一种延续而已。

从效果上看，国有企业之间通过加强联系，可以提高对风险的抵御能力，在应对一般的市场风险方面具有优势。但这样做有明显的负面影响，首先，在制度上与一般的市场制度不相符合，市场制度要求独立的市场经营主体，自担风险、自负盈亏，企业之间形成“利益共同体”，对局部的企业而言，可以提高企业群体的谈判能力，但对社会经济的全局而言，却是消极的。其次，就单个企业而言，在这样一个“利益共同体”中，由于存在着企业“联盟”的保护，单个企业的风险防范意识会减弱，在特定的情况下，甚至会出现有意识转移风险的可能性。所有这些，对于微观企业制度作为风险传导机制的第一个层次的阻断机制而言都是不利的。因此，在国有企业相互之间结成利益共同体的情况下，微观的企业制度实际上就已经丧失了阻断风险传导的功能。这是当前国有企业改革过程中需要密切关注的问题。

## 二、监管体制

国有资产监管体制对于国有企业风险传导阻断作用的发挥，首先取决于监管机构和政府对于国有企业群体在国家经济和社会发展中的定位，其次取决于国有资产监管机构的具体制度安排。

国有企业在我国经济和社会发展中的定位，大致有以下三个方面，即作为主要的价值创造主体，经济发展与社会稳定的调控手段和最后保障机制，经济运行风险的主要承担主体。不同的定位直接决定了国有企业在政府宏观经济调控中的地位和作用，决定了国有企业的发展路径与目标，也直接决定了政府和社会对国有企业问题的反应。如果国有企业是不可或缺的价值创造主体，那么社会经济体系的其他部门就有必要为这一主要的价值创造主体承担部分风险，以保持并提高其价值创造能力。在这种情况下，国有企业群体内部积累的风险，就会存在合理的理由、足够的激励和强制性的手段向外传导。如果国有企业作为经济发展和社会稳定的调控手段和保障机制，那么通过国有企业资产规模的扩大，提高其承担风险的能力以备将来不时之需，就成为当前发展国有企业的首要目标。如果国有企业是经济运行风险的主要承担主体，则国有企业经营的主要目标就不应该是价值创造，而应当如标准的市场经济理论中论述的那样，存在于市场失灵的领域内。应该说，上述三个方面的内容均是我国国有企业功能定位中包含的内容，在不同的发展阶段，对于处于不同领域内的国有企业，三个方面内容的重要性各有差异。

在当前，无论从监管机构对国有资产存在领域的界定，还是拥有庞大资源的国有企业在资源性产业、基础性产业、高利润产业中的大量布局，以及国有企业群体以超乎寻常的速度快速发展的态势上看，国有企业作为价值创造的主体和作为宏观调控手段的功能较强，而作为经济体系运行风险的承担作用较弱。在这样的情况下，尽管规模庞大的单个国有企业具有较强的风险承担能力，尽管监管机构从管理的难度与成本角度看，也倾向于阻断国有企业越过企业边界向外传导风险，但对利润的追逐、对价值的强调使得国有企业在经营过程中积累的风险必定要突破企业的边界向外传导。就风险控制问题而言，在国有企业改革所达到的目标还不能满足企业风险控制的要求时，这样的定位显然是存在问题的。

因此，国有资产监管体制必须在制度安排上有针对性地设定阻断机制，以防范因国有企业定位导致的风险传导问题。在当前的体制中，存在着一系列防范风险传导的制度安排。

首先，国有资产“国家所有，分级行使产权”的制度安排就是为了防范风险在更大范围传导。这一制度安排明确了出资人，使得最终责任的承担者得以明确，同时，明确了监管机构风险控制的目标在于资产而不是企业，使得考核指标得以明确。另外，对于这一制度安排，必须认识到，“分级所有”是一种静态的制度安排，对于风险传导的阻断作用是暂时的。随着企业经营的发展与变化，企业之间的相互投资、相互持股，分级所有的特征会逐渐模糊。

其次，通过各种具体的政策措施，对国有企业群体经营活动的各个层面，尤其是风险控制制度，进行监督和具体指导。这是当前监管机构对国有企业个体与群体风险问题进行控制的一个综合性手段。大到国有企业改制、投资战略与股权转让，小到费用计提、聘请法律顾问与具体行业的职工投资，都以政策的形式加以具体规范。这一综合性手段的有效性已经由监管机构成立以来，国有企业经营绩效改善的事实加以证明。但必须认识到，以政策的形式对企业群体的风险进行综合管控，也存在一个合理性的问题，企业数目过多，企业规模过大，涉及行业过多，都会导致管控成本上升，进而降低管理效率。因此，如果不对被管理的企业规模和数目进行限制，政策的有效性就会下降。当前，对于管理企业数目、主业的认识和控制目标较为清晰，但对于以资产规模和子公司数目为标准的企业规模的控制目标比较含糊。不改变这一点，单纯使用政策手段进行风险管控的边际效率就会逐渐下降。

最后，传统行政化体制在国有企业内部的存在也是监管机构进行风险管控的一个重要手段。从市场经济条件下企业经营的一般标准看，行政官僚规模在企业内部的存在和壮大一般被视为导致管理成本上升、效率下降的负面因素，限制行政化官僚规模是企业管理的一个重要内容。就国有企业改革而言，在较长的时间内，企业经营者的双重身份是使国有企业饱受批评的重要原因之一，被视为内部问题，也是国有企业经营者激励问题的根源之一。但国有企业改革进行到今天，股份制改造已经迈过了简单的法律制度移植，进入到实质的经济制度培育阶段，作为股份制改造重点对象的大型国有企业的行政官僚体系却依然存在。当前讨论的问题并非如何彻底铲除国有企业内部的行政体制与行政官僚，而是研究传统的行政体制如何与现代的公司管理体制相互协调的问题。因此，不能简单地把传统行政体制的存在视为大型国有企业改革的停滞，而是要从客观的角度看待传统行政体制存在的必要性与功能。只有这样，才能对大型国有企业传统行政化体制的改造提出切实可行的措施。从国有资产监管机构对国有企业进行风险控制的角度来看，除了外在的制度安排外，还需要在企业内部塑造合适的主体，以落实监管机构的控制意图。传统的行政体制在大型国有企业内部的存在，起到了监督企业风险控制实践的作用。在当前国有企业风险治理参与缺乏合格的利益相关者的时期，来自行政体制的监督是一种次优选择。尽管这种监督可能不是主动的和富有创造力的，但至少可以保证监管机构的监管目标得到实现。从这一角度看，只要大型国有企业改革进程中合格的利益相关者问题得不到解决，传统的行政体制就有存在的价值。问题的关键在于：监管机构应当提供怎样的行政激励，才能使处于传统行政体制下的人员能够按照企业的实际，充分实现监管机构的风险管控目标。

从以上三个层面来看，在国有资产监管层面上，存在着较为强烈的风险传导阻断机制。同时，随着市场经济的发展，这一阻断机制的有效性也正在得到检验。尽管其中的部分机制，例如依靠行政化机制来实现监管机构的风险管控目标，具有暂时性，并不符合市场经济下自由企业制度的一般特征，但目前这一阻断机制对国有企业群体之间的风险控制起到了积极的作用。

## 三、政府宏观政策约束与社会关注

政府宏观调控政策的约束和社会对国有企业问题的关注与价值讨论相互作用，成为国有企业风险传导的外在约束。

在宏观调控政策方面，政府宏观调控对于大型国有企业群体的依赖性越强，国有企业群体的风险就越有可能向外传导。财政投入是当前我国宏观调控的主要方式之一。在这一方式下，当国民经济运行乏力，需要财政资金介入支撑时，大型国有企业群体作为落实政府宏观调控手段的主要渠道之一，就会在政府指定的领域内进行投资，以实现政府调控经济的目的。在当前我国经济发展的格局下，这是一种客观的，也是无奈的选择。即使在宏观调控政策下，大型国有企业也会将市场积累的风险重新纳入企业内部。因此，要在宏观调控层次设置国有企业风险向外传导的阻断机制，最为根本的就是尽量减少利用国有企业群体这一渠道进行大规模的宏观调控。

在社会关注方面，社会对国有企业问题的关注程度越高，讨论的层次越深入，国有企业群体的风险向外传导的可能性就越小。从财富的最终归属上看，国有企业是全民的企业，因此，国有企业在本质上是服务于全民的企业。关于国有企业的问题，无论在企业的经营业绩、发展战略，还是具体的人事变动上，公开与透明都是基本的要求。国有企业的问题必须经过社会的监督，必须让公众了解，必须经得起公众的审视。只有在社会监督下的国有企业才能够形成风险治理的基本机制，也只有在风险治理基本机制完善的情况下，风险管理才能够得到恰当的实施。同时，对于一个庞大的国有企业群体，社会需要相当的时间去学习如何与之相处，如何建立恰当的沟通渠道，对国有企业进行有效的社会监督。在这一问题上，国有企业群体和社会都需要相互的调适。

## 第三节　国有企业监管风险控制分析

由于在企业层面上微观风险传导阻断机制的缺失，以及在宏观和社会层面上风险传导阻断机制的不成熟，当前防范国有企业风险传导的主要责任实际上就落在了监管机构这一层次。因此，监管机构对风险的认识和定位，决定了监管机构运营政策或措施对国有企业群体风险管控的力度；监管机构所设定的阻断机制是否有效，直接决定了国有企业群体的风险控制水平。下面将结合对政治风险、金融风险与产业风险的对策分析，对监管机构的风险控制进行探讨。

### 一、防范国有企业个体的局部政治风险演变为整体性政治风险

随着国家整体经济水平的提高与国民财富的增加，社会的自觉意识与权利意识大大增强。多年市场经济的磨炼，使公民对于公平、公正、公开的市场环境认知与要求也提到了一个前所未有的高度。能力而非身份，实力而非势力，是市场经济条件下被普遍认同的竞争优势的来源。然而，就是在这样一个时代背景下的国有企业群体，其最大的特征依然是

“身份”，多年的改革虽然使微观的企业制度有了翻天覆地的变化，但国有企业的身份却依然如故。于是，当国有企业经营效率低下时，社会的第一反应往往就是联想到传统计划经济体制下效率低下的国有企业形象，因此对其大加批驳。当国有企业经营效益向好时，社会首先想到的也是因国有企业的“身份”导致的行业垄断、政策优惠，因而批评之声不绝于耳。当国有企业群体作为政府宏观调控政策落实的渠道之一，履行其职能时，社会一方面对其表现出来的效率表示惊叹，另一方面对其效率和最终的效果表现出明显的质疑与深深的忧虑。人们在行为上追捧国有企业，但在舆论中却对其口诛笔伐。凡此种种，其根源都在于国有企业的“身份”。

市场经济天然地排斥“身份”经济。在我国市场经济已实施多年的今天，当我们论及在国民经济体系中扮演重要角色的国有企业群体时，依然要强调和研究其“身份”，这不能不说是一种悲哀。也正是在这样的时代背景下，因“身份”问题导致的争论和利益冲突，才有可能突破单个企业的边界，成为国有企业作为一个整体的政治风险问题，成为监管机构应该加以重点关注的风险类别。

应对因“身份”问题所导致的政治风险，最根本的措施在于解决国有企业群体的“身份”问题。解决的办法就是政企分开。对于这一问题无论在理论上还是制度设计的实践中都已经有了明确的表述，但在具体的操作过程中，政府和企业的关系却并未像理论中所描述得那么清楚。尽管成立了专门的监管机构来监管国有资产，监管机构履行出资人的职责，企业负责经营，但在实际中，监管机构又不能不涉及企业的具体经营过程，否则，监管的目标就有可能达不到。同时，国有资产本身就包括了企业、金融和事业三个部分，从企业和金融两个部分来看，如何协调它们之间的关系也是一个大问题。

监管制度上存在的问题尚可以通过制度调整的方式加以解决，但难以解决的是政府如何自律的问题。只要政府没有极力去“关怀”国有企业，国有企业即使存在名义上的身份，也并不具备实际的意义，更无所谓风险。在委托经营模式下的国有企业需要对国有资产的保值增值负责。对于这样的表述作以下的理解是适当的：其一，国有企业经营的目的与其他企业一致，在于获得利润；其二，国有企业要获得利润，企业的经营管理层应负主要责任，监管机构、政府并不对其负有直接责任。可以看出，在这一表述中，国有企业经营的目的和定位是清楚的。如果政府出于更高的国民经济发展的目的，必须帮助国有企业实现利润，则“关怀”所导致的厚此薄彼，必然就会成为“身份”问题的根源。当前国有企业与社会的疏离，很大程度上来源于政府出于落实经济社会发展战略的需要而对国有企业的过分“关怀”。

要从根本上落实政企分开，从而解决国有企业的“身份”问题、防止企业的个体局部风险转变为整体性的政治风险，就要监管机构和政府在如何对待国有企业这一问题上，不仅仅在制度设计上加以防范和处置，更需要通过具体的行动来证明对国有企业和民营企业，在产业政策、金融支持上的一视同仁；对处于危机中的国有企业，要有不“兜底”的勇气与决心；对于国有企业的经营，要有更为彻底的公开与透明。只有做到了这些，政治风险的防范机制与风险传导的阻断机制才能有效地建立起来。

## 二、防范国有企业个体的财务风险演变为整体性的金融风险

当前，大型国有企业群体之间的并购与重组频繁发生。一个企业经营不善，另一个企业对其进行并购、接管。接管后，原企业资产的处置方式包括两种：第一种，资产整体优良，具有经营价值，因此采用注资重组的方式，在新的管理体制下重新进行生产。所使用的资金，部分是自有资金，更多地来自金融机构的支持。第二种，资产问题较多，例如具有较高的负债水平，或者对资产设置了过多的对外担保而导致大量的债务，继续经营所产生的利润无法覆盖全部债务。在这样的情况下，对原企业资产采用破产、拍卖。第二种方式实质上等同于终止经营。因此，在促成企业并购与重组方面，监管机构更倾向于使用自有资金的并购，但在被兼并企业规模巨大的情况下，并购方往往没有足够的自有资金来实施并购，只有依靠金融体系支持或者监管机构划拨。因此，在这一过程中，显然存在着企业个体的财务风险向新的企业以及金融机构转移的可能性。监管机构的一个重要任务，就是要注意防范此类风险转移演变为整体性的金融风险。

防范的重要机制就是要让国有企业之间的并购在市场条件下完成，不能鼓励行政化的重组和直接的划拨。在市场机制下完成并购，由市场来决定并购的风险溢价，只有如此，企业之间资产与债务的配置以及风险在参与并购各方之间的配置，才可能在一个统一的定价基础上完成。如果没有这样一个机制，该重组的企业破产，该破产的反而重组，对于参与这一过程的任何一方而言，都不公平。对于关注国有资产的监管机构而言，则意味着国有资产的流失。

此外，必须通过制度设计和政策倾斜，鼓励重组企业自担风险，对于因企业自担风险所采取的拍卖资产的处置行为，要予以支持。对于国有企业个体的风险，尽量在企业内部加以消化处置，减少其向金融体系传导的可能性与降低其规模。这不仅对企业微观的风险控制体制提出了更为严格的要求，还通过外在的制度支持，确保了企业处于风险决策的主体地位。

## 三、防范国有企业个体的行业风险演变为整体性经济结构失调

大型国有企业往往在其所处的行业中占据重要地位。其投资战略、经营战略的改变会对其所处的行业发展产生重要的影响。鉴于大型国有企业更多地集中在资源、能源、通信等基础性产业和一部分高利润产业中，单个国有企业对其所处产业的重要影响也会通过一定的传导渠道，表现为对整个国民经济的影响。

在这方面，监管机构所做的防范，应当包括两个方面。

一是对国有企业规模进行限制，当规模突破行业上限时，就必须对其具体的生产经营进行干预。例如，当单个国有企业自身的规模已经达到足以影响整个产业，乃至可以影响到国民经济运行的稳定性时，国有资产监管机构就有必要对其经营战略进行具体的监控。这是防范风险快速形成和扩散的必要之举。换言之，鉴于国有企业与政府之间的天然联系，监管机构必须对国有企业存在的垄断问题进行评价，如因为在行业中的垄断地位，国有企业存在向外传导、转移风险的现实可能性，监管机构就有必要对国有企业存在的垄断问题进行限制。

二是对国有企业群体存在的行业进行总量的监控。目前，关于国有企业应该存在于哪些行业，一个企业应该同时涉及几项主业，已有具体的标准。而关于国有企业群体在某一个特定的时期内，在哪些行业有较为显著的存在，则是一个动态管理的问题。一个竞争性领域内国有企业过多，不仅会影响国有资产的保值增值目标，也会阻碍其他企业的发展，还会因过度投资而造成恶性竞争，进而损害整个产业的竞争力，在某些特定的情况下，甚至会影响整个国民经济体系的结构调整与升级。因此，有必要对国有企业的行业分布做动态的监控和主动的调整，特别是对那些存在于高利润的竞争性领域内的国有企业群体来说，更需要加强监控。

# 参考文献


[1] 吴先聪 . 国有企业境外投资审计 [M]. 北京：知识产权出版社，2021.

[2] 袁亮亮，郑国坚，罗党论 . 中国国有企业内部审计——基于问卷的研究报告 [M]. 上海：立信会计出版社，2021.

[3] 方雷，龚睿，岳宝德 . 新时代国有企业党建创新形态研究 [M]. 济南：山东大学出版社，2021.

[4] 龚睿 . 中国国有企业党的领导制度变迁研究 [M]. 济南：山东大学出版社，2021.

[5] 袁珮 . 经济学研究丛书：国有企业改革路径研究 [M]. 北京：经济日报出版社，2018.

[6] 郭斌 . 国有企业混合所有制改革的多国模式比较与路径借鉴 [M]. 北京：中国经济出版社，2021.

[7] 杨德民 . 国有企业人力资源问题的本质：破局新“三项制度”改革的 10 个核心方法论 [M]. 北京：中国财富出版社，2021.

[8] 张飞雁 . 经济与管理书系 光明社科文库 中国国有企业混合所有制改革的路径研究 [M]. 北京：光明日报出版社，2021.

[9] 陈国庆，张定明 . 新时代新使命：国有企业基层党建工作问答 [M]. 北京：中国三峡出版社，2018.

[10] 孙维林 . 企业管理方法论 [M]. 北京：中国工人出版社，2021.

[11] 章迪诚 . 中国国有企业改革简史 [M]. 北京：中国工人出版社，2020.

[12] 施春来 . 国有企业创新发展的思考与实践 [M]. 上海：复旦大学出版社，2020.

[13] 刘仲仪 . 中国国有企业发展混合所有制的契约问题研究 [M]. 长春：吉林大学出版社，2020.

[14] 刘明越 . 国有企业产权制度改革的逻辑与新问题研究 [M]. 北京：中央编译出版社，2018.

[15] 刘德华 . 国有企业监事会制度研究与实践探索 [M]. 济南：济南出版社，2018.

[16] 石涛 . 规制视角下公益类国有企业改革及政府监管改革研究 [M]. 上海：上海人民出版社，2018.

[17] 沈剑 . 委托代理关系下国有企业经营中的机会主义行为及治理研究 [M]. 西安：陕西师范大学出版总社，2020.

[18] 艾德洲 . 全球融入视域下国有企业改革的创新系统论与中国发展道路 [M]. 广州：中山大学出版社，2020.
[19] 薛琰如 . 套利动机下矿产资源型国有企业对外直接投资决策研究 [M]. 北京：中国经济出版社，2020.
[20] 国明理 . 新时代国有企业基层党组织工作的重要指引 [M]. 北京：东方出版社，2020.
[21] 高惺惟 . 国有企业改革 40 年 [M]. 石家庄：河北人民出版社，2019.
[22] 罗子明，张慧子 . 国有企业品牌形象研究 [M]. 北京：中国财富出版社，2019.
[23] 郭亚莉 . 宁夏国有企业改革史 [M]. 银川：宁夏人民出版社，2019.
[24] 王曙光 . 制度、技术与国有企业改革 [M]. 北京：企业管理出版社，2019.
[25] 郑国洪 . 国有企业绿色审计机制研究 [M]. 北京：知识产权出版社，2019.
[26] 白金亚 . 国有企业竞争中立制度研究 [M]. 北京：知识产权出版社，2019.
[27] 张晖明 . 国有企业改革的政治经济学分析 [M]. 上海：复旦大学出版社，2019.
[28] 黄群慧，戚聿东 . 中国国有企业改革 40 年研究 [M]. 广州：广东经济出版社，2019.
[29] 李哲 . 国有企业保密日常管理实务 [M]. 北京：燕山大学出版社，2019.
[30] 刘玉玉 . 国家审计全覆盖与国有企业治理效率研究 [M]. 北京：中国时代经济出版社，2019.